# プロフェッショナルリーダーの教科書

## エンゲージメントリーダーシップ

コロンビア大学博士

### 箱田賢亮

あさ出版

# リーダーとは何か？

あなたにとって

"リーダー"

先頭に立って部下を
引っ張っていく存在

部下をまとめる存在

会社のために
自分を犠牲にする
存在

# とは、どういう存在でしょうか？

部下を**教育する**存在

部下の**失敗の**
　　　　**尻拭いをする**存在

　　　　　　　　　　など

本書では、これからの時代
"リーダー"はどうあるべきか
についてお話しします。
読了後、みなさんの持つ
リーダー像は
180度変わることでしょう。

# はじめに

　はじめまして、箱田賢亮です。

　私は、16歳の時にアメリカの高校へ進学しました。決して英語が得意だったわけでも、英語を学びたかったからではありません。たまたまアメリカの高校に進学するチャンスが巡ってきただけです。

　"This is a pen." くらいの英語しか話せなかった私は、授業に全くついていけませんでした。

　しかし、その高校で先生が私に音楽の実技の授業をすすめてくれたおかげで、私の人生が大きく変わったのです。アメリカに留学するまで、ほとんど楽器を弾いたことがなかったのですが、授業を取ったことで音楽に興味を持ち、演奏に没頭している間にめきめきと力をつけることができました。

　高校卒業後は、アメリカ中西部の名門リベラルアーツ大学に進学し、音楽の教員免許を取りました。その後、アメリカの公立高校の音楽教師や大学の教授として22年間働いていたり、憧れていたオーケストラの指揮者になりました。

　しかし、最初はいくら一生懸命教えても、学生がいくら一生懸命に私の教えを聞いても、一部の学生を除いて、音楽の技術が高まることはありませんでした。

　せっかく教えるのなら、学生全員の音楽の技術を高めたいと思っていた私は、「なぜ、一生懸命教えているのに、上手くなる子とそうでない子がいるのだろう」と考えるようになりました。

　そして、「私の教え方が間違っているのかもしれない」と思い、教員を続けながらコロンビア大学に進学することを決意したのです。

コロンビア大学では、教授（教える側）ではなく、学生（学ぶ側）の視点を持った最先端の教育がなされていました。これを"Student-Centered"（スチューデントセンタード：学生中心）と言います。

　私はコロンビア大学に入学して、すぐに「教え方を考えていたこと自体が間違いであった」と気づきました。

　早速、コロンビア大学で体験したスチューデントセンタードを高校の授業に取り入れると、学生たちの音楽の技術がメキメキと成長していったのです。

　学生だけではありません。大学の学部長として、部下である教員のみんなに対し、「この方法が正しいんだ!」と自分の成功方法をもとに指導していたものの、上手くいっていませんでした。しかし、スチューデントセンタードの考えを部下に応用することで、指導が劇的に良くなり、部下の成長に繋がったのです。


　コロンビア大学の卒業生には、国のリーダーになった人もいます。それは、アメリカ元大統領のバラク・オバマ氏です。

　2009年、オバマ氏は大統領に就任するなり、「もっと政治を国民に近いものにすることで、国民に政治への興味を持って、参加してほしい」という願いを叶えるために、国民と政治を繋ぐ窓口となる部署、"the Office of Public Engagement"を作りました。そして、スローガンとして次の言葉を掲げました。

## Engage and Connect
## –Engage you're your government on the issues that matter most.

エンゲージ＆コネクト：君にとって重要な問題に一緒に取り組んでいこう

それまでの大統領を始め政治家は、主に「選挙、選挙、清き１票を私に」と言い、自分や政党の政策を前面に主張してばかりでした。

　しかし、オバマ大統領は当選した後も、「国民からどんどん意見を取り入れ、一緒に国を作っていきたい!」と言って、まさに国民センタード（国民中心）のアプローチを政治に取り入れたのです。

　時代の変化とともに、世界的にリーダーとしてのあり方は変化してきています。

　本書では、私がコロンビア大学で学んだことを実践し、アメリカの高校や大学において生徒や部下の教育で活用した方法をもとに、「**プロフェッショナルリーダーとはどういう存在か**」「**プロフェッショナルリーダーになるためにはどうすれば良いのか**」についてお話しします。

　本書が、リーダーとしてのあり方に悩まれている皆様の一助となると幸いです。


　2021 年5月

　　　　　　　　　　　　　　　　　　　箱田賢亮

# CONTENTS

プロフェッショナルリーダーの教科書

## Chapter 2

# "Engagement"
エンゲージメント
# とは?

## Chapter 3

# パーソンセンタード下 における リーダーの仕事

Chapter 4

# 部下の
# エンゲージメントを高める
# クリティカル・シンキング

**Chapter 5**

# 部下の
# エンゲージメントを
# 引き出す評価方法

## Chapter 6

# プロフェッショナルリーダーのあり方
## ～部下のタイプ別対応法～

## ✎ 資料集

# 1
Chapter

リーダーの仕事は「教える」ことではない

# 相手に学ぶという心がなくては何も伝わらない

▼

## ━ 人は「教えること」を考えている

　私たちはいつでもなんらかのコミュニケーション方法を使って情報を教えたり、学んだりしています。

　つまり、コミュニケーションなしでは生きていけないのです。

　しかし、あなたは部下に教える際、"How to Teach"（教え方）について考えているのではないでしょうか？

　「どうすれば（自分が）上手く教えられるのか」という疑問に対して、次のような勘や努力、出たとこ勝負で考えた教え方をしていないでしょうか？

**「今までの経験からこういった教え方をすればいい」…勘（K）**
**「教えたことを相手が努力すればできるだろう」…努力（D）**
**「まあ、とりあえず教えてみよう」…出たとこ勝負（D）**

　このような教え方に対する考えをKDD式と言います。リーダーが "How to Teach" を考えるのは、「自分目線」の教え方であり、「相手目線」の教え方ではないのです。

　私は教師になりたての頃、「俺がしっかりと教えて素晴らしい音楽を作るぞ！」と、とにかくやる気満々でした。大学と大学院で、そこそこの成功を体験した私は自信に溢れていたのです。

　教師となって初めて担当したのは、新入生の吹奏楽の授業でした。大学で学んだ教え方を反復して、とにかく一生懸命教え

ました。学生も一生懸命聞いてくれるのですが、一向に上手くならないのです。地域の吹奏楽のコンテストでは、5段階中2という結果を出してしまいました。

当時、「こんなに一生懸命教えているのに結果が伴わないのは、学生に実力がないからだ」と、とても落ち込んだのを覚えています。

そんな私の教師人生に転機が訪れたのは、コロンビア大学の博士課程に入学し、そこで授業を受けたことでした。

コロンビア大学の教育モットーは、"Student-Centered"（スチューデントセンタード：学生中心）でした。

初めて聞くコンセプトでしたが、スチューデントセンタードとは「学生の安全をしっかりと守り、学生のことを考えて教える」という、教員であれば当たり前のことではないかと思っていました。

しかし、この解釈は全く違ったのです。

一般的な授業では、教師が学生の前に立ち、一方的に教師が教えたいように「自分目線」で教えます。

しかし、スチューデントセンタードとは、個々の学生の学びを中心とした教育のアプローチのことでした。スチューデントセンタードでは、教育の中心は学生の学びにあり、学生が学べる方法や答えを見つけられる環境（教室）を教師は作っていきます。その環境下で、学生は自発的に学ぶようになります。

## ━ ただのリーダーからプロフェッショナルリーダーへ

私がコロンビア大学でさまざまな授業を受講し、スチューデントセンタードで気づいたことがありました。それは、次の3つです。

1．さまざまな方法や答えが許されていること
2．授業中、主に学生が話していること
3．"WHY" と "HOW" の質問が多いこと

　これらは私が教えていた授業とは、180度違いました。私は、生徒にいつも次のように言っていたのです。

# In this class, my answer is the right answer.

この授業では、私（教師）の答えが正しい答えだ。

　私の方法で一方的に教えていたため、私の授業では、学生が言われたことだけをするようになっていたのです。

　つまり、学生は私が教えたことはその通りにできます。しかし、自分で理解ができていないため応用できず、言われたこと以外は全くできなかったのです。

　学生たちは、自分で「なぜそうなんだ（WHY）」「どうやって上手くいったのか（HOW）」と考える力を持っていませんでした。

　私は早速コロンビア大学のアプローチを自分の授業にも取り入れました。


## 1．さまざまな方法や答えが許されていること

　まずは、今までの「この授業では、私の答えが正しい答えだ」という考え方をやめました。学生の考え方や意見を受け入れるために、「私の考えや答えを言わない」ように意識し、**学生に考えてもらう環境**を作ったのです。

## 2．授業中、主に学生が話していること

　私がメインで話してしまうと、学生は私の話を受け身で聞く
だけになってしまうため、「今日は、＊＊について考えてみよう」
という問題を提起し、**学生に考えて発言してもらうようにしま
した**。

　しかし、学生の考えが脱線しかけたり、全く違う方向へ展開
しそうになった時は、「その場合は、どうなるのかな？」「この
まま考えると、どこへ向かうかな？」などの質問をして、学生
に気づかせて軌道修正をするようにしました。

## 3．"WHY"と"HOW"の質問が多いこと

　演奏が上手くいった時に、「今、どうして上手くいったのか
な？」「どうすれば、より良い音が出るだろう？」などと**"WHY"
や"HOW"の質問をすることで、学生が自ら考え、理解を深
める**ようになりました。

　このように、３つのアプローチを心掛け、生徒にさまざまな
ことを話してもらうようにしたのです。

　私がスチューデントセンタードの指導に切り替えてから、学
生の話を聞く機会が増え、彼らが何を考えているのか、どのよ
うに理解しているのかを知ることができるようになりました。

　そして、１人ひとりが持っている異なる考えや問題、理解力
に合わせて「相手目線」のアプローチを変えて教えるように
なっていったのです。

　その結果、授業中の環境が変わりました！
　学生がのびのびと話すようになり、自主的に学ぼうと行動し

てくれるようになったのです。

　つまり、「一方的に教えてもその方法が合う人にしか伝わらないが、それぞれの人が学べる方法で教えることができれば、みんなが学べる」のです。

　部下育成において、教える方法はいくらでもあり、その方法を選ぶのはリーダーです。しかしここで、自分が教えやすい「自分目線」の方法を選ぶのではなく、部下が上手く学べる「相手目線」の方法を選べば部下全員が確実に学べるようになるのです。

POINT

　リーダーは、何を教えるかではなく、部下が「どう学ぶか」を中心に考える。
　主体的に学んでもらうことが成長に繋がる。

# 2 真の学びは "WANT" からしか生まれない

## ━ "WANT"こそものの上手なれ

突然ですが、あなたは何か「これこそは」という知識やスキル、特技を持っているでしょうか？

「そんなのありません」と言う人も多いでしょう。

しかし、人は必ず何か他の人よりも優れているもの（いわゆる、特技）を持っています。

特技は、ビートルズに関することや世界遺産の知識、折り紙の技術など、何でもいいのです。「私よりもあの人のほうが詳しい（すごい）」などと思うかもしれませんが、実際に他の人と比べる必要はありません。自分自身が「誰にも負けない」と思えるのであれば、それでいいのです。

例えば、野球のファンの方は、自分の好きなチームの情報や選手の趣味などについて詳しく知っています。日本のアイドルや韓国ドラマなど、自分の好きなことに対しては一般の人以上の知識を持っている場合も多いでしょう。

他にも、ジャグリングができる、自転車で1日100kmを走れる、多種多様な折り紙が作れるなど、これらもすべて特技と言えます。

ではなぜ、みなさんは知識やスキルを得ることができたのでしょうか？

その答えは、"WANT"にあります。

きっかけは人それぞれでしょうが、人生のどこか、何かのタイミングで、この知識やスキルを「やりたい」「学びたい」という気持ちになり、行動を起こしたから特技を身につけられたはずです。

人の学びの原点は、「やりたい」「学びたい」という気持ちにあります。人は学びたいと思った時に行動するのです。

## ━ MUST(しなければ)からWANT(したい)へ

人は、学びたいスキルや情報には、時間やお金を使ってでもそれを得ようとします。趣味などはとてもいい例です。

例えば、私はビートルズのことを知りたいと思い、すべてのCDを購入するだけでなく、ギターを使ってすべての楽曲を演奏することで、ビートルズの楽曲の特徴やアレンジについてより詳しくなりました。

他にも、大好きなF1についてとても詳しいスタッフは、各チームが優勝した日やレーシングカーのスペックなど、多くの知識や情報を持っています。なぜなら、どんなに忙しくても時間を作ってF1の情報をチェックしているからです。

このように、私たちは自分の「やりたいこと」や「学びたいこと」に対して、惜しみなく時間やお金を使います。そして、その気持ちが、知識やスキルなど特技の獲得に繋がっているのです。

私はコロンビア大学に入学するまで、アメリカで大学教授や高校の教師をしながら、「どうすれば学生に上手く教えられる

のか」、つまり"How to Teach"を追究してきました。

　しかし、コロンビア大学でスチューデントセンタードに出会い、"How to Teach"を追究しても相手の学びは実を結ばないケースが往々にしてあることを学びました。そして、次のことにたどり着いたのです。

## 「教え方」ではなく「学び方」を考える

　つまり、**相手の「学びたい」という気持ちを刺激することこそが、最も効率の良い学びを与える最大の要素**なのです。

　リーダーが部下の「学びたい」という気持ちに火をつけることで、学びを引き起こすことができます。
　反対に、「学びたくない」という状態の人に、リーダーがどんなに情報やスキルなどを教えても伝わりません。
　リーダーがどんなに良いことを言っても、効率的な方法を教えても、部下が「学びたい」という気持ちになって心を開いてくれないと、学びを与えることはできないのです。

　そこで、リーダーが部下に仕事やスキルを教える場合の考え方に対して、スチューデントセンタードの考えを応用し、"Person-Centered"（パーソンセンタード：個人中心）と名づけました。
　パーソンセンタードは、リーダーではなく、部下個人を中心に考える方法です。そのため、リーダーがパーソンセンタードを意識して教えることで、部下の「学びたい」という気持ちを引き起こすことができます。

　人は「学びたい（WANT）」ことに対して自主的に学ぼうとします。反対に、「学びたくない」という気持ちのまま学ぶこ

とを要求されると、「学ばなくてはならない（MUST）」状態に
なり、学びにくくなります。

　つまり、リーダーの最大の仕事は、部下の
**「やらなければならない」を「やりたい」**
**「学ばなければいけない」を「学びたい」**
　に変えることなのです。

POINT

　人は「やりたいこと」「好きなこと」には、積極的に取り組む。
　リーダーの最大の仕事は、パーソンセンタードで部下個人
を中心にする教え方を考え、“MUST（学ばなくてはいけない）”
ではなく“WANT（学びたい）”に変えてあげること。

# パーソンセンタードで学びのサイクルを回す

**3**

## 学びを深める学びのサイクル

人は自分から「やりたい」「学びたい」と思ったことには、感情を込めて一生懸命に取り組みます。趣味などは、自分の時間や情熱をかけるでしょう。その中で新しい知識を得たり、発見する**学びのサイクル**を繰り返します。

スチューデントセンタードの学びの基礎は、この学びのサイクルが基準になっています。つまり、パーソンセンタードでも、学びのサイクルを繰り返すことで、新しい知識を得たり、知識を深めることができるのです。

人はまず、「新しい知識を得たい」と思った時、好奇心により新しい知識を得るための方法を求めて行動します。そして、見つけた方法で新しい知識を得て、自分自身に影響をもたらします。得た新しい知識を分析して、その結果からさらに新しい発見があります。新しい発見から最初の「新しい知識を得たい」という段階に戻り、さらなる新しい知識を求めます。

このサイクルを繰り返し、人は学んでいくのです。

## 学びのサイクルを繰り返す

学びのサイクルについて、32ページの図を見ながら、具体的な例を使って説明してみましょう。

私は学生の頃、ビートルズという音楽グループを全く知りませんでした。

## 学びのサイクル

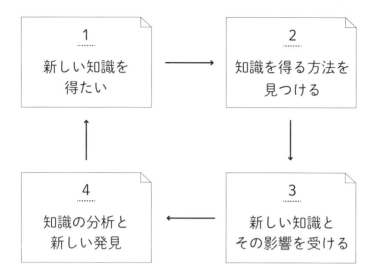

　ある時、ビートルズの"LET IT BE"という曲を聴き、「素晴らしい曲」「誰の曲だろう？」と感動しました。そして、もっと"LET IT BE"とビートルズについて知りたいと思ったのです（1．新しい知識を得たい）。

　そこでレコード屋に行き、アルバム"LET IT BE"を購入しました（2．知識を得る方法を見つける）。そのアルバムを聴いて新たな曲を知り、さらなる感動を得ました（3．新しい知識とその影響を受ける）。

　新たな曲を分析してみると、ビートルズには複数の歌い手や作曲家がいて、バラエティに富んだ楽曲があることを知りました（4．知識の分析と新しい発見）。

　そして、もっとビートルズの曲を聴きたいという気持ちになり（1．新しい知識を得たい）、次に有名なアルバムを調べ、"ABBEY ROAD"を購入しました（2．知識を得る方法を見

つける）。

　レコードを購入し、新しい曲を知り、さらに次なるレコードを購入するということを繰り返しているうちに、いつの間にか全アルバムを制覇していました。
　つまり、パーソンセンタードによる学びのサイクルが、1〜4へとぐるぐると繰り返し回っていたのです。
　さらに、ビートルズの楽曲を解説した本を読みあさり、いつの間にかビートルズについて詳しくなっていました。

　人は何かを「やりたい」「学びたい」という向上心を持っています。常に、「新しいことを始めたい」「新しい知識を得たい」と思っているのです。
　リーダーがパーソンセンタードで部下に向き合い、部下の心に火をつけた時、部下が自分の学びのサイクルを回したり、繰り返すことで奥深く学んでいくことができるのです。

POINT

　部下が学びのサイクルを繰り返して学びを深められるように、リーダーは部下の「学びたい」という心に火をつける。

# 4 短所ではなく 長所に目を向ける

## ━ 短所は直さなくても良い

　人は誰しも、長所や短所があります。その人の知能や適した学習方法、経験、育った環境などによってユニークな力や能力を持っています。

　しかしその一方で、人は無意識に、悪意なく「できる人」「ダメな人」などとラベリングすることも事実です。義務教育という平等でなければならない場ですら、主に筆記テストをベースにした評価方法のみで、「できる人」と「ダメな人」を分けています。

　私たちは相手を評価する際、自分の知っている経験や感情、方法で評価する傾向があります。しかし、それらの方法は正しいのでしょうか？

　十人十色という言葉があるように、人はさまざまな特徴や性質などを持っています。もちろん興味があることや学びたいこともさまざまです。それにもかかわらず、評価は限定的で、一律……。そもそも評価方法が相手に合っていない可能性もあります。

　日本人は、欠点を直すことを中心に考える教育を受けているため、部下育成でもダメなところに目が行きやすく、その欠点を修正する行動に走ってしまうケースが多いのです。

　しかし、リーダーが欠点ばかりを指摘し、それらを直すような部下育成をしてしまうと、部下の「やりたい」「学びたい」という気持ちに火をつけることはできず、学びのサイクルを回

してもらうことができません。

　一辺倒な評価方法で「あいつはダメだ……」と思う前に、部下の「すごいところ」「できること」をよく観察して、その人の素晴らしさを実感してください。

　部下の得意と不得意を認識した上で仕事を割り振ることができれば、仕事の出来ややる気をより高めることができるのです。

## ■ 相手の長所を伸ばして成長に繋げる

　人は長所を伸ばしてあげれば、どんどん成長する傾向があります。これは科学的にも証明されていることです。

　アメリカの人材育成やコーチング会社のGallupは、「長所教育により、人々はより自信や自己肯定感を持ち、生産性も上がる」と発表しています。

　具体的には1〜2割、エンゲージメントや生産率が上がり、高い割合（4〜5割）で離職率を下げることができます。その傾向を利用して、長所を伸ばす教育をすることで、部下の学びのサイクルが回転し始めます。

　例えば、私はアメリカの大学で学部長として、**部下の長所を伸ばして、短所を補う教育**をしていました。学部長とは会社でいう部長職なので、大学に所属する教授やインストラクターをまとめ、人事評価や資金管理などの業務もしていました。

　特にいつも意識していたのは、**部下たちが100%の力を出せるようにすること**です。

　彼らとは毎日5分くらい会って話し、その中で「（仕事の）調子はどう？」「（仕事する上で）何が必要？」などと聞くように心掛けていました。

　自分の長所や短所を把握していない部下もいるので、このよ

うな日頃の話をもとに、リーダーが各部下の長所や短所を見つけ、長所を伸ばして、短所を補う対応をすることが大切です（詳しい方法は、次ページでお話しします）。

　さらに教育者として、生徒たちには答えを与えるのではなく、いつも自分で答えを見つけさせました。自分で考えてもらうので時間はかかりますが、彼らにとっての学びが非常に多くなります。

　部下を育てるということは、リーダーが"How to Teach"を一生懸命考えるのではなく、まずは部下のことを理解し、部下に考えて理解してもらう場を作ることなのです。

POINT

　　誰もが「結果を残したい」「褒められたい」と思っている。
　　リーダーは、部下を観察して、褒めるべきところを褒め、長所を伸ばしてあげることから部下の成長が始まる。

# 5 | 部下のより「得意」を見つける

## ━ 人は8つの知能を持っている

リーダーは、部下の長所を伸ばし、短所を補う教育が大切だとお話ししました。

しかし、これらはどのように把握することができるのでしょうか？

ハーバード大学の教育学者であり、心理学者のハワード・ガードナーは、1983 年に**多重知能理論** (Theory of Multiple Intelligences：MI) を発表しました。

この理論は今までの1つだけであった知能指数 (Intelligence Quotient：IQ) を使った評価を覆し、人には8つの異なるタイプの知能をすべて持っており、それぞれ異なる能力を発揮できると説いたものです。

8つのタイプとは、次の通りです。

### 多重知能理論（MI）

1. 言語的知能

Linguistic Intelligence

言語的知能が高い人は、書く時も話す時も、言葉を上手に使うことができる。そのため、文章や物語などを書いたり、情報を記憶したり、本を読んだりすることが得意。

## 2．理論・数学的知能

Logical-Mathematical Intelligence

　理論・数学的知能が高い人は、推論やパターンの認識、問題の論理的分析が得意。そのため、数字や物事の関係性、パターンについて概念的に考える傾向がある。

## 3．空間的知能

Spatial Intelligence

　空間的知能が高い人は、物事を視覚化するのが得意。そのため、道案内や地図、図表、ビデオ、写真などの扱いに長けている。

## 4．身体運動的知能

Bodily-Kinesthetic Intelligence

　身体運動的知能が高い人は、体の動きや動作の実行、身体のコントロールが得意。そのため、手と目の動きの協調や器用さ（運動神経）に優れている傾向がある。

## 5．音楽的知能

Musical Intelligence

　音楽的知能が高い人は、メロディのパターンやリズム、音で考えることが得意。また、音楽に対する理解が深く、作曲や演奏にも長けている。

## 6．対人的知能

Interpersonal Intelligence

　対人的知能が高い人は、他の人を理解し、交流することが得意。そのため、周囲の人の感情や動機、願望、意図を見極めることに長けている。

## 7．内省的知能

Intrapersonal Intelligence

内省的知能が高い人は、自分の感情や気持ち、動機を自覚するのが得意。また、白昼夢を見たり、他人との関係を探ったり、自分の長所を評価するなど、自己反省や分析を好む傾向がある。

## 8．博物的知能

Naturalist Intelligence

博物的知能が高い人は、自然との調和がとれていて、育てることや環境を探索すること、他の種について学ぶことに興味を持っていることが多い。また、環境の微妙な変化にも敏感に反応する。

## 多重知能理論（MI）

博物的知能

言語的知能

理論・数学的知能

内省的知能

多重知能理論 MI

空間的知能

対人的知能

音楽的知能

身体運動的知能

219ページに「多重知能理論（MI）チェック表」があるので、あなた自身がどの知能が得意で、どれが不得意かをぜひチェックしてみてください。

　さて、多重知能理論を見ると、世の中（特に日本の入試制度）は１．言語的知能と２．理論・数学的知能にのみ重点を置き、その他の知能はほとんど評価していないことが分かります。

　つまり、１と２以外の知能が高い人は、今の日本の教育制度では高い評価を得ることは難しいという現状があるのです。

　しかし、人には個性があり、この８つの知能も、力のバランスも、人それぞれです。

「自分の考えを話すのは得意だけれど運動は苦手」

「計算は得意だけれど図形は苦手」

「楽器演奏は得意だけれど人と話すのは苦手」

　など、バランスの差は得意・不得意となって表れます。その結果、長所や短所が生まれるのです。

## ━ 学び方には４つのスタイルがある

　知能に得意・不得意があるように、学び方にも得意・不得意があります。

　アメリカの教育者に人気がある理論の１つに、ニュージーランドの教師ニール・フレミング博士が1987年に発表した**VARKモデル**があります。

　VARKモデルとは、「人にはそれぞれ異なる学び方があり、基本的に４つのラーニング・スタイルに分けられる」という考え方です。

V：Visual Learners（視覚による学習者）

　図やイラスト、色などを使って視覚的に学ぶのが得意。見て学習するので、一度に多くの情報を取り込み、記憶することができる。

　文章を図やイラストにしたり、内容を色分けすることで理解が進みやすい。


A：Auditory Learners（聴覚による学習者）

　音や言葉を聞いたり、注意深く耳を傾けて学ぶことが得意。音や言葉には、外部からの情報だけでなく、自分自身で発したものも含まれる。自ら進んで質問に答えたり、ディスカッションに積極的に参加する傾向がある。

　聞いたり、話すことで理解が進みやすい。


R：Reading/Writing Learners（読み書きによる学習者）

　文章を読んだり、書いたりして学ぶのが得意。

　言葉によるインプットが片方の耳に入り、もう片方の耳に入らないことがよくあるため、紙面やスライドに書かれた文字を見ることや自分でメモを取ることで理解が進みやすい。


K：Kinesthetic Learners（運動感覚による学習者）

　実際に動いたり、やってみることで学ぶのが得意。他のラーニング・スタイルに比べて、ソワソワしたり、手を動かして話す傾向がある。

　体を動かしながら情報を得たり、デモンストレーションをすることで理解が進みやすい。

Chapter 1

この4つのうち、あなたはどのラーニング・スタイルでしょうか？

自分の学び方を振り返ってみると、どのラーニング・スタイルが得意、または不得意であるかが分かるでしょう。

例えば英単語を学ぶ際、発音を聴いて覚えるのが得意な人は、聴覚による学びであるAタイプです。1つひとつの英単語を書いて覚えるのが得意な人は、読み書きによる学びであるRタイプだと言えます。

このように、人には得意・不得意な学び方があります。英単語を書いて覚えるのが苦手な人は、聴いて覚えると覚えやすいかもしれません。

224ページに「VARKモデルチェック表」があるので、ぜひ確認してみてください。

## VARK モデル

視覚による
学習者

聴覚による
学習者

読み書きによる
学習者

運動感覚による
学習者

VARK モデルを理解できるリーダーは、部下に１つの内容を教える際、さまざまな異なる方法を使うことができます。その結果、多くの部下に学びやすい環境を提供し、「学びたい」という意欲を促すことができます。

　得意な能力や学び方は、人それぞれ違います。そのため、リーダーは、

"How to Teach"（自分がどうやって教えるか）ではなく、

"How they Learn"（部下たちがどうやって学ぶか）

にフォーカスすることが重要なのです。

POINT

　　部下の知能の特性と、得意なラーニング・スタイルを知り、組み合わせることで、学びの効果が上がる。

# 6 環境が人を育てる

## ━ 人間は生物学的にはほとんど同じ

　1人も同じ人がいないように、能力や学び方も人それぞれ異なります。

　しかし、人間は生物学的に見ると基本的には同じです。頭があり、身体があります。頭蓋骨には脳が詰まっており、体全体に神経が巡っています。

　それにもかかわらず、特別なスキルや特技を持っている人と、そうでない人がいるのも事実です。なぜ、こうした事態が起こるのでしょうか？

　それぞれの得意・不得意をしっかり認識した上で、学んだり、練習したりしているからでしょうか？

　これも一理ありますが、一番大きな要因は、特別なスキルや特技を持っている人は、それを得るためのトレーニングや勉強をしてきたということです。

　つまり、**環境がすべてを決めている**のです。

　突然ですが、「これからフルマラソン（42.195km）を3時間以内で走ってください」と言われたら、あなたは走れるでしょうか？

　初心者の平均タイムは、約5時間だそうです。つまり、初心者はほとんどの場合、不可能でしょう。

　また、「有名な曲をバイオリンで弾いてください」と言われたらどうでしょうか？

バイオリンを触ったことのない人は、正しく音を出すことすら難しいでしょう。

反対に、今「やりたいこと」や「学びたいこと」を集中してできる環境があれば、それを達成することは可能でしょうか？

無限の時間やお金、教育を提供され、仕事や家族の心配を考えずに学べる環境です。

私は可能だと断言できます。

## やる気と環境があれば、何でもできる

私が音楽を始めたのはアメリカに留学した16歳の時でした。英語が全くできなかった私は、先生に音楽演奏の授業をすすめられ、言われるがままに吹奏楽やコーラスの授業を取りました。

総人口2,000人以下の村（2月1日時点の東京の人口は、1,395万2,915人）に住んでいたので、他に全くやることがなく、英語がしゃべれないのであまり友達もできなかったため、とにかく楽器を弾いたりコーラスの練習ばかりしていました。

その結果、音楽を始めて2年足らずの私が、音楽で有名なアメリカの大学に進学することができました（一緒に入学した他の生徒はみんな8年以上も楽器を演奏していました）。

さらに、大学から優秀卒業生に与えられる賞をもらうことができました。大学卒業後も22年間、音楽教師や教授、プロの指揮者として活躍してきました。日本に住んでいたら、考えられなかった人生を今、送っているのです。

これは、音楽に集中することができた2年間があったからこそ可能な人生でした。

つまり、**問題は学ぶことができる環境があるかどうかなのです**。無限の時間やお金、教育、仕事や家族への心配がないこと

など、すべてをそろえることは難しいでしょう。

　しかし、「やりたいこと」や「学びたいこと」の優先順位を高めて、着手できれば一歩前進です。「やりたい」と思っているだけでは、1歩たりとも前へ進むことはできないのです。

　これはあなた自身の「やりたいこと」や「学びたいこと」だけではありません。誰でも「やる気」を持てば何でもできます。

　リーダーが勝手に「あいつにはできない」と判断して、部下を見捨てることは非常に残念です。リーダーとしてできることは、部下の「やりたい」「学びたい」という気持ちを刺激し、やる気を出させることです。

　そのためにも、部下のやる気が出るような環境を整えることが必要になります。

POINT

　「環境」があれば、人は誰でも、いつでも、学ぶようになる。
　リーダーは、部下たちが学ぶための環境を作ることに気を配ることが大切。

## 7 やる気と環境があれば 苦手かどうかは関係ない

▼

### ● 苦手なことは必ずある

　ここまでは自分の「やりたいこと」「学びたいこと」について お話ししてきました。しかし、「やりたいこと」が苦手な場合も否応なくあります。その場合は、どうすればいいのでしょうか？

　私たちは、苦手なものをいくつか持っています。専門的なことでなくても、走ることや歌うこと、料理、スポーツなど、人それぞれ。あなたにもあるでしょう。

　私が音楽関係の教育に関わった22年間、よく聞いたセリフがあります。それは、「音痴だから歌えない」です。酷いケースでは、先生が「あの生徒は音痴だから音程が合わない。だから、口パクをさせている」と言うのです。

　物理学的、音楽学的に見て、なんらかの障害がない限り、人はきちんと音程を取って歌うことができます。実際に、私が直接教えた音痴だと思っていた人や音痴だと言われていた人の100％が、きちんと音程を取って歌えるようになりました。

### ● 苦手なものはなぜできるのか？

　なぜ、きちんと音程を取って歌えるにもかかわらず、彼らは音痴になっていたのでしょうか？

これには、2つの原因があります。

　1つは、間違った音程の取り方を学んでしまっていたこと。耳から聞こえる音と口から発する音が合わないように、筋肉や脳が学んでしまったのです。その状態を矯正し、きちんと1から学び直せば音程を取って歌えるようになります。

　もう1つは、「自分は上手く歌えない」という心のブロックを作ってしまったこと。周りの人から、「音痴は良くない」「音程が良くない」などと言われたことにより、自信喪失に繋がっていったのです。このような心の傷は、ネガティブなフィードバックの不毛の産物です。

　「やりたい」「学びたい」という気持ちを刺激する教育では、**良いことを伝えたり、褒めること**から始めます。音程が合っていなくても、「元気のある明るい声だね」「とても力強い声だ」とポジティブなフィードバックをしてあげるのです。

　その上で、良く歌うために適切かつ具体的なフィードバックを与えることで、まずは「自分の声はこれで良いんだ」という自信を持ってもらえます。

　その際、相手の音程に合わせて、一緒に正しい音程で発声していくことも大切です。相手の場所からスタートすることで、パーソンセンタードに繋がるのです。

　心のブロックをなくすには、**何度も成功体験を積み重ねる必要があります。**

　このように、自分が苦手だと思い込んでいるものに対して、学び直したり、心のブロックをなくすことで、苦手でなくなる場合が往々にしてあります。あなたの苦手は、どちらが原因でしょうか。

## 環境が変われば新しい力が見つかる

新しい環境に身を置くことで、今まで知り得なかった新しい力を見つけることができます。

現在、私は作曲家や音楽プロデューサーとして音楽に携わっていますが、アメリカに行くまではギターを少しかじったことがある程度で、音楽に関して全くの初心者でした。音楽で暮らしていこうなんて考えたこともなく、想像もできませんでした。

しかし、授業で毎日2時間音楽を奏でていると、あれよあれよという間に音楽の成績やスキルがどんどん上がり、1年足らずで高校のトップレベルになることができました。2年後には、音楽の名門大学に入ることもできたのです。

アメリカという新しい環境で、自分は音楽ができるということを発見し、それが仕事になるまで成長することができました。

誰しも苦手なことがあります。しかし、それは間違った思い込みであり、学び直したり、心のブロックをなくすことができれば、苦手なことはなくなります。

さらに、新しい環境に身を置くことで、新たな自分を発見できる可能性も広がります。苦手なことを克服したり、新たな可能性を見つけたい場合、環境を変えてみるのも1つの方法です。

POINT

部下の苦手なことは、そのほとんどが間違った思い込み。
ポジティブなフィードバックにより思い込みを取り除くことで、成長は加速する。

# 8

# 部下1人ひとりに適した
# 方法を見つける

▼

## ━ あなたの方法が100%正しい?

　世の中には反面教師という言葉がありますが、私たちのほとんどは自分の方法が正しいと思っています。またやっかいなことに、成功すればするほど、この考え方は確固たるものになっていく傾向があります。

　私の恩師に、次のセリフが口癖の人がいました。
「俺は他の人間よりも成功したんだから、俺の言う通りにすれば上手くいく」

　私はこの言葉を毎日呪文のように浴びせられてきました。
　そして、私もコロンビア大学で授業を受けるまでは、自分の学生たちに「こうすれば上手くいく」と自分が正しいと思っている方法を教えていました。

　しかし、一生懸命、学生に教えているのに、学生の成長は芳しくなく、先生として伸び悩んでいました。さらに、私の授業は選択式だったこともあり、授業を辞めていく学生が後を絶ちませんでした。
　一教員として、学生全員が成長してほしいという気持ちがあり、教え方を変えてみたりと試行錯誤していました。
　そんなある日、「**学生たちが自分と同じことをして本当に上手くいくのだろうか?**」と疑問に思ったのです。

## ━ 部下育成におけるベースが必要

　コロンビア大学で出会ったスチューデントセンタードでは、教える側（教師）ではなく学ぶ側（学生）を中心に考え、学生1人ひとりに合った環境を作り出していました。

　アメリカのすべての学校が、スチューデントセンタードで教育しているわけではありません。近年の学習環境を危惧していたアメリカの教育研究家クリスタ・カプーが、スチューデントセンタードの環境に必要な要素を分析・特定し、その結果を「スチューデントセンタードの環境に必要な7つの基本原則」としてまとめました。

　基本原則の中では、生徒の興味や学習スタイル、文化的アイデンティティ、人生経験、個人的な課題を考慮したシステムを設計することを示唆しています。

　私は、リーダーが部下に教える際も、カプーがまとめた基本原則のようなベースが必要だと考え、それを応用し、パーソンセンタードの環境に必要な7つの基本原則（以下、パーソンセンタードの7つの基本原則）としました。

　パーソンセンタードの7つの基本原則とは、次のとおりです。

### ◆ パーソンセンタードの7つの基本原則

**1．ポジティブな人間関係（Positive Relationship）**
　部下は、自分を信用し、期待してくれるリーダーや仲間と良好でポジティブな人間関係を築くことができる。

**2．心と身の安全 (Safe Environment)**
　部下は身体的、心理的に、安全な環境で働くことができる。

## 3．自己肯定感（Positive Identity）

　部下は、会社で自分が何者であるかを十分に受け入れられ、自分の居場所があると感じられる。

## 4．自己重要感（Ownership & Agency）

　部下は自分の仕事に責任を持ち、自分の興味や情熱を追求するための選択権を持ち、職場の環境を形成する主体性を持って働くことができる。一方、リーダーは、部下のファシリテーターやガイドとしてサポートする。

## 5．問題解決力（Problem Solving Skill）

　部下は仕事における問題を自分で解決し、仕事に活かせるスキルや知識を学際的に学べる。

## 6．明確な目標と評価（Goal & Assessment）

　部下は、明確に設定された目標に向かって進み、必要なサポートを受けられ、明確な評価制度で評価される。
（明確な評価制度や目標については、Chapter5 で紹介する）

## 7．生涯学習（Professional Development）

　部下は、学びたいことや必要なスキルを職場だけでなく、自宅やコミュニティ、セミナーなど、勤務時間内外で柔軟に獲得できる学習機会を得られる。

　人はそれぞれ違う知能を持ち、違う学び方が合っています。つまり、「これだ！」という方法は個々で違っているのです。
　そのため、上手くいったり、成功するために重要なことは、**1人ひとりが自分に適した成功方法を考えること**です。そして、上司や指導者であるリーダーの仕事は、それを見つける手助けをしてあげることなのです。

## パーソンセンタードの7つの基本原則

1. Positive Relationships
ポジティブな人間関係

7. Professional Development
生涯学習

2. Safe Environment
心と身の安全

6. Goal & Assessment
明確な目標と評価

3. Positive Identity
自己肯定感

5. Problem Solving Skill
問題解決力

4. Ownership & Agency
自己重要感

POINT

手助けする場合は、部下がどのように考えているのかを知り、
個々に適した方法を見つけて行うこと。

## リーダーの最大の仕事は
## 環境を作ること

**9**

### あくまで「個人の集まり」

私は16年間、アメリカでオーケストラの指揮者をやってきました。80人近い音楽家たちをまとめ、1つの楽曲を生み出すのが指揮者の仕事です。

「指揮者は棒を振り回しているけれど、あれは何をやっているの?」と聞かれる度、私は次のように答えていました。

**「演奏者のみんなが最大の力を発揮できる環境を作っています」**

素晴らしい演奏者全員が100％の力を出すことができれば、その演奏は素晴らしいものになります。

著名なスイスの精神科医であり心理学者のC・G・ユングは、**「人間は普段50％の能力しか意識的に使っていない」**という言葉を残しています。残り50％の能力を発揮させるためには、それを発揮できる環境を作ってあげる必要があります。

まず大前提として、楽団であっても、会社であっても、学校であっても、家族であっても、すべて**「個人の集まり」**です。

個々の人間が力を発揮するには、個人の力以上に周りの環境が影響してきます。

例えば、クラリネット奏者とフルート奏者が一緒に演奏する場合、クラリネット奏者の音程が不安定な場合、フルート奏者は音程を合わせることばかりに意識がいき、あまり良い演奏をすることはできないでしょう。

　しかし、リーダーである指揮者が、クラリネット奏者の音程が安定するように指示したり、教育することで、クラリネット奏者の音程が不安定という環境を変えることができ、フルート奏者は自分の力を十分に発揮することができるようになります。

　このように、2人の奏者が演奏に没頭できる環境を作ってあげられれば、人の心を動かす素晴らしい演奏が生まれます。

　つまり、**リーダーは「環境を作れる」唯一のポジション**なのです。

　リーダーが代わったことで意見を言いやすくなったなど、みなさんも今までにリーダーが代わったことで、職場環境が180度変わった経験があるでしょう。

　他にも、プロ野球チームの監督が代わっただけで、いつも負けていたチームが常勝チームに変わったなんていうことはよくありますよね？

　アメリカでは、トランプ政権時、ヘイトクライムが17％も上がったというデータも出ています。国のように大きな組織であっても、リーダーが環境に与える影響は多大であると言っても過言ではありません。

## ■ リーダーが作るべき環境は2種類ある

　さて、リーダーは「環境を作れる唯一のポジション」とお伝えしましたが、環境とは具体的に何を指すのでしょうか？
　まずは、「環境とは何か」についてお話ししましょう。

　環境は、大きく分けて次の2つがあります。

1. Physical Environment（物理的な環境）
2. Psychological Environment（心理的な環境）

　良い環境を作り出すためには、この２つの環境を常に考える必要があります。

　では、それぞれの環境についてご説明しましょう。

## 1．Physical Environment（物理的な環境）

　物理的な環境とは、文字通り実際に物理的、数値的に決められます。オフィス内での温度や湿度、明るさ、壁紙の色、椅子やデスクの種類、配置などが、物理的な環境です。賃金や給料など、数字で評価できるものもこれに含まれます。

　例えば、綺麗好きな社員が、整理整頓が苦手な社員の横に座って仕事をしていたら、ストレスの原因になり、十二分に能力を発揮できず生産能力がダウンすることでしょう。

　多少の制限はありますが、リーダーにはこうした環境を改善する権限があります。しっかりと周りを観察し、みんなの意見を取り入れ、どうすることがすべての人々のためになるかを考えて環境を作っていくことが大切です。

　その際、小さな物理環境の変化が大きな環境の変化をもたらしてくれることがあります。

　私はある時、カンザス州にある財政難のオーケストラの音楽監督になりました。その際、最初にしたことは演奏者である楽団員が気持ち良く演奏できる環境を作ることでした。

　楽団員はオーケストラが所属する地域ボランティアの集まり

であり、ボロボロの硬い椅子で演奏していました。

これでは演奏に集中できない……。そう考えた私は、「まず、新しい椅子を買おう」と、あちこちに言って寄付金を募りました。

そして、理事会では「私のことはいいので、とにかく楽団員たちの環境を良くしてほしい」と5年間言い続け、私のボロボロの指揮台と譜面台を新調する前に、楽団員の椅子や譜面台を新調したり、演奏場所を改修して綺麗にしたり、楽器を新調したりなど、小さな物理環境を整えました。

その結果、オーケストラはカンザス州で有数のオーケストラに成長することができ、私の待遇まで良くなりました。

演奏者の士気を高めるために、さまざまなことをしましたが、私は最初に買ったこの椅子が、すべてを決めたと今では思っています。

これも物理的な環境を良くする方法の1つです。

## 2. Psychological Environment（心理的な環境）

心理的な環境とは、数値や物理的には表現できない人々の内面的な感情を左右するものです。

心理的な環境は、人々のやる気や与えられた仕事に対する満足感にどう影響してくるのでしょうか？

実際、セミナーなどでビジネスパーソンに「どんな時にやる気が出て、満足感を抱きますか？」と尋ねると、だいたい次のような答えが返ってきます。

①困難な仕事を成し遂げた時
②自分のやりたい仕事をした時
③自分の成果や能力が認められた時

④責任ある仕事を与えられた時
⑤役職に就いた時

　いずれも、仕事に関することであり、数字で測ることのできない達成感や満足感など、心理的な環境に直結したものです。
　これら5つは、仕事における社員のやる気においてアメリカの臨床心理士のフレデリック・ハーズバーグが提唱した「動機づけ要因」と言えます。動機づけ要因には5つのカテゴリーがあり、上記の①〜⑤はそれぞれ「達成」「仕事そのもの」「承認」「責任」「昇進」に該当します。
　ハーズバーグは、これら5つの要因は、お金やボーナスなどの物理的な環境以上に、社員の仕事に対するやる気を高める重要な環境設定であると言います。
　つまり、リーダーが部下に最大の能力を発揮させるためには、やる気を引き出す心理的な環境を作ることが大切なのです。

　リーダーには、環境を作り、整える力があります。物理的な面と心理的な面の両方から最適な環境について考え、部下全員がしっかり学び、成長できるように整えることが最も重要です。

POINT

　　リーダーが、物理的環境（机、席順、賃金など）と心理的環境（達成感、満足感など）の両方の面で適した環境を作り、整えることで、部下は才能を発揮し、成長できる。

# 2

## Chapter

"Engagement" とは？
エンゲージメント

# 自主的に動ける部下は エンゲージしている

**1**

## ━ エンゲージするの語源は「婚約」!?

　アメリカでよく使われる言葉の1つに、**"Engage"**（エンゲージ）があります。私が働いていた大学でも、"You must engage students."（学生をエンゲージしろ）と学長や上司に言われてきました。

　そもそも「エンゲージする」とは、どういう言葉なのでしょうか？

　「エンゲージする」の語源は、次の英語からきています。

## ENGAGEMENT

　この言葉は、「婚約」という意味でよく使われます。婚約指輪は、"Engagement Ring"と言い、動詞として使うと"I was engaged to Sam."（私はサムと婚約した）というふうに使われます。

　婚約には、結びつけるという意味がありますが、それ以外にも、実際にアメリカではさまざまな状況で"Engagement"が使われています。

　"Engage"を辞書で調べると、次のような意味が載っています。

1. Occupy or attract (someone's interest or attention)
　（興味や注意）を占める、引きつける

## 2．Participate or become involved in
参加や関わり

　1つめの意味で使われている "occupy" や "attract" は、「気持ちや感情を引きつける」ということです。また、2つめの意味で使われている"participate"は、「参加する」ということです。

　つまり、"Engage" には、人の感情や心を引きつけ、自ら積極的に関わるという意味が含まれています。

　さて、"Engage" は、さまざまな場面で使われていますが、特に有名なシーンがあります。それは、アメリカでとても人気のある TV 番組、"STAR TREK"（宇宙に進出した地球人が、さまざまな異星人と交流しながら、宇宙の未開拓地を探索する SF 作品）の船長が船の出航を告げるシーンです。

## Engage!
出発！（意訳）

　一般的に、「出発」を英語で表現すると、"Let's move." や "Let's go." になります。これらの表現には、「一緒に行こう」という意味合いのみで、「調和する」という意味は含まれていません。

　しかし、ここではあえて "Engage" という表現を使っています。なぜなら、これには、宇宙船のすべて（動力や燃料、エンジンなどだけでなく、船員の気持ちも含む）を結び合わせて出発する、つまり物体だけでなく感情をも調和させて移動するという意味があるからです。

## ━━ アメリカで頻繁に使われる"Engage"

　エンゲージは「婚約」以外に、さまざまな意味を含んでいるとお伝えしましたが、アメリカの学校では、次の表現がよく使われます。

## Get them engaged!
心身ともに参加させよう！（意訳）

　他に、"Let's get them to participate together!" や "Have them involved!" といった表現があるにもかかわらず、あえて "Engage" を使っています。なぜなら、学生をただ行動（勉強）させるのではなく、身や心もしっかりと学び、自発的に参加させようという意味が含まれているからです。

　また、有名ブランドやチェーン店でよく使われている言葉があります。

## Increase the engagement of our client!
顧客のエンゲージメントを高めよう！（意訳）

　他に "Get customers." や "Gather customers." という表現がありますが、あえて "Engagement" を使っています。そうすることで、消費者にただ商品を購入してもらうだけではなく、消費者の感情や心に訴えかけ、会社（ブランド）自体のファンを増やしていくという意味が含まれています。
　例えば、Apple 社は消費者をエンゲージする戦略に力を入れており、Apple 信者と言っていいほど、その会社の製品を愛する人は世界に多数存在します。

このように、エンゲージメントには、ただ一緒に行動する（英語で言う"Do"）という意味以上に、精神的な調和や積極的な行動という意味合いがあります。

エンゲージメントを掘り下げると、次の意味にたどり着きます。

## 共感して、自主的に行動する

会社や学校などの組織において、個々人は組織の一部となり、一緒に仕事や勉強をすることになります。

リーダーが部下のエンゲージメントを引き出すリーダーシップ、いわゆるエンゲージメントリーダーシップを発揮することで、ただ会社に勤めるのではなく、１人ひとりがエンゲージし、組織にとって重要かつ不可欠な存在になることが大切なのです。

POINT

リーダーがエンゲージメント（共感して、自主的に行動する）を引き起こすことで、部下が積極的に動くようになる。

## 2　部下の魂を刺激して エンゲージメントを引き出す

▼

### ━ 部下をインスパイアする

「あいつはやる気がない！」
「もっとやる気も持て！」

　リーダーは、部下に対してこのように思うことがしばしばあるでしょう。私も、昔はよく「やる気があればなんとかなる」と生徒や部下に言っていました。

　実際、やる気は本人のみが出せるものであり、他人がどんなに言っても本人が自分を鼓舞しなければ無駄なことです。

　人はみんな「成功したい」「結果を出したい」「褒められたい」と思っています。つまり、心の中に**「やる気を持っている」**のです。

　しかし、方法が分からなかったり、「私には不可能だ」と思ってしまうケースがとても多く存在しています。

　そこで重要になってくるのが、"Inspire"（インスパイア）です。日本では、「インスパイアされた」などと表現することも多いですね。

　"Inspire" の語根（基本的な意味）は、"SPIR"（スピア：息をする）であり、"in"（中に）がついているので「（中に）息が吹き込まれる」という語源から、「鼓舞する」「奮い立たせる」という意味になります。他にも、"Spirit"（スピリット：魂）の語根が "SPIR" です。

　リーダーが部下の魂に息を吹き込む、つまり**「部下の魂を刺**

激する」ことで、個々の中にある「やる気」を引き出してあげることができるのです。

　部下の魂を刺激する行動とは、どういったものなのでしょうか？

　実際、魂が刺激される方法は人それぞれで違います。しかし、上司（リーダー）と部下という上下関係において、リーダーが部下のエンゲージメントを引き出すためにできる魂を刺激する方法があります。

　それは、「**成功を体験させてあげること**」です。

　人は成功することによって、それぞれの行動や考え、仕事についてエンゲージします。

　その成功が感動や快感となり、魂を刺激するのです。

　部下を成功させてあげることによって、その仕事や活動に強くエンゲージしていく傾向があります。つまり、部下の成功を促してあげることは、エンゲージへの最大の近道なのです。

## ━ 部下のエンゲージメントを引き出す環境作り

　部下の魂を刺激するために重要なことは「**その人に何が必要か**」ということを理解・分析して、成功できる環境を作ってあげることです。

　リーダーの重要な役目の1つは、部下の魂を刺激して、部下が持っている「やる気」「やりたいという感情」に火をつけてあげる、つまり**エンゲージメントを引き出す**ということです。

　部下がやる気をなかなか見せないのには、次のような理由があります。

「やる気があります！」と自信満々で取り組んだ割には、結果がついてこなかったという場合、仕事ができない人と思われてしまうから。

「やる気がないなー」と言って取り組み、結果がついてこなかった場合、「やる気がなかったのだから仕方がない」と言い訳ができるから。

「やる気がないなー」と言いながらも、結果を出すためにやるべきことをしっかりと行い、結果がついてきた場合は、「やる気がないのに仕事ができる」といった評価をしてもらえるから。

つまり、部下に「やる気満々で積極的に仕事に取り組んで失敗したらかっこ悪い」などといった不安を持たせたり、「やる気がないように見せたほうがメリットがある」と考えさせたりする環境があると、これが心のブレーキとなるのです。

そのため、リーダーは「失敗しても大丈夫」「どんどんチャレンジしてみよう！」と言って部下がエンゲージして仕事に取り組める環境を作ることが大切です。

具体的な環境の作り方については、Chapter 3 でお話ししましょう。

POINT

リーダーが部下に小さな成功を経験させ、成功に向かって挑戦できる環境を作ることで、部下のやる気が刺激され、行動に変わる。

# エンゲージさせたければ 感情を動かす

**3**

## ━ "Do" と "Engage" は似て非なるもの

ここまで、「エンゲージとは何か」についてお話ししてきました が、ただ行動することは、英語で "Do" と言います。

例えば、「何かしよう！」という時は、"Let's <u>Do</u> something!"、 「人生をなんとかしろ！」というアドバイスは、"<u>Do</u> something with your life!" という表現になります。

また、「それをしたい！」と言う時には、"I want to <u>Do</u> that!" と表現します。

つまり、"Do" は「行動する」という意味でしかないのです。

言われたことや教えてもらったことをただやるだけとも言え るでしょう。

"Do" と "Engage" の違いについてお話ししましょう。

例えば、リーダーから次ページのとおり2つの指示がなされ たとして、あなたはどちらの指示にエンゲージされるでしょう か？

どちらの指示も、折り鶴を作るという同じ行動をするように 呼びかけています。1の指示を聞いた人も、2の指示を聞いた 人も、どちらも折り鶴を折るでしょう。しかし、行動の動機や 結果は同じになるでしょうか？

1つめは、鶴を折れと言うだけの部下の行動を "Do" にす る指示です。

## 社員への2つの指示方法

**1.**

お疲れ様です。

本日、会社としてのお願いがあり、連絡しました。

社員は、各自＊月＊日までに、折り鶴を10羽作って提出してください。10羽以上でも受け付けます。

提出場所は、＊階に設置したボックスです。

作り方が分からなければYouTubeなどを見て調べてください。

よろしくお願いします。

**2.**

お疲れ様です。今日は1つお願いがあり、連絡しました。

当社は、社会貢献のプロジェクトとして、小児がんと闘っている子どもたちに千羽鶴を折ることとなりました。

1羽につき1,000円を子どもたちに寄付するので、1,000羽で100万円の寄付になります。

つきましては、各自10羽の折り鶴を作ってください。可能であればもっと多く折ってくださってもかまいません。

下記に概要をまとめておりますので、確認をお願いいたします。

もし、作り方が分からなければお教えしますので、ご連絡ください。

---

概要：折り鶴を10羽作ってください。

　（10羽以上でもかまいません）

提出期限：＊月＊日（＊）

提出場所：＊階に設置した「折り鶴BOX」

※折り方が分からない方は、ご連絡ください。

---

ご多用の中ご無理を言いますが、何卒よろしくお願いします。

2つめは一見、鶴を折るという1つめの行動と同じ指示です。各自10羽なので、結果も同じです。

　しかし、「折り鶴を作ってもらいたい理由」や「折り鶴を作ったことでどういう結果に結びつくのか」についても書かれています。折り鶴を作る理由に心を動かされた人や会社の方針に感銘を受けたりして、10羽以上の折り鶴を作る可能性も高まります。

　また、「作り方が分からなければお教えします」という相手を気遣う言葉も書かれており、会社の一員として一緒に行動しているというチーム意識を盛り立てます。

　つまり、部下の行動を"Engage"する指示なのです。

　これら2つの指示は、「折り鶴を作ってほしい」という内容ですが、**指示の仕方1つで部下の行動を変えることができます。**

　社会で求められている人材は、「**自分から動ける人材**」「**主体的に動ける人材**」です。リーダーであるあなたも同じような人材を求めているのではないでしょうか？

　部下が「言われたことをするだけ」の"Do"の人材になるのか、それとも「自主的に動ける」"Engage"の人材になるのかは、リーダーの指示の仕方によっても左右されるのです。

## ■ 感情が人を動かす原動力である

　リストラやダウンサイジング、リエンジニアリング、ホワイトカラーの生産性向上、MBO（Management Buy-Out：経営陣による自社買収）、年功序列の崩壊、学歴偏重からの脱却、終身雇用制度の廃止、これに伴う能力主義など、実に世の中はさまざまな変革をしています。

ところが、人は変化が起きると身構えて対応します。これまでと違った対応策や行動を知らなければならないからです。しかし、成長や進歩は「変化」なくして実現できません。

　変化する世の中において個人が成長を遂げるには、不断の自己改革や自己学習が必要です。組織においても、経営の多角化や国際化、技術革新、あるいはIT革命と言われる高度情報化社会の進展の中で、自らを絶えず変革し、進化させなくては生き延びていけません。

　では、どのようにして自己改革を遂げたら良いのでしょうか？
　実は環境がいかに変わろうと、変わらないことがあります。それは、**人間は感情の生き物**であるということです。
　「ポジティブな感情を持っている人は良い成果を生む」という結果は、多くの研究が示しています。

　例えば、2005年のカルフォルニア大学の心理学者ソニア・リュボミアスキーとミズーリ大学の心理学者ローラ・キングが次の研究結果を発表しました。

　「ハッピーでポジティブな人は、無駄で健康に害のある行動や反社会的な行動をする確率がネガティブな人に比べ遥かに少なく、健康であり、仕事でも良い結果を残している」

　つまり、**人は論理ではなく感情で動く**ということです。
　人は感情的な動物であり、感情で動きます。動機や理由はさまざまにせよ、最終的には感情で動くものなのです。
　あなたが買う宝石や時計、音楽なども、最終的にあなたの感

情で買うかどうかを決めるのです。あなたが付き合っている人や結婚した人もそうです。さまざまな論理もあるでしょう。しかし、最後は感情なのです。

**あなたは、自分だけでなく、部下の感情を動かす行動をしていますか?**

## ━ エンゲージは強制できない

「人は感情で動く生き物である」とお伝えしましたが、もう1つ言えることがあります。「**人は感情を動かされることを求めて生きている**」生き物であるということです。

遊園地でジェットコースターに乗ってスリル感を味わったり、映画を観て感動したり、擬似的な方法で感情を動かされます。

感情のレベルは人それぞれ違いますが、普段の生活や仕事など、さまざまな場において「褒められたい」「認められたい」「好かれたい」などといった感情や欲望を持っています。「楽しいことをしたい」「幸せになりたい」という感情も同じです。

**こうした心情や欲望、願望、行動が、自分自身や相手と「共感」した時にエンゲージが起こります。**

例えば、あなたが「環境保全」を大切にしているならば、環境保全を意識した商品が魅力的に感じたり、環境保護を推奨する仕事にエンゲージするでしょう。

理想の体になるために食事制限をしたり、ジムに通うといったりする行動も、自分の理想像と共感した行動なのでエンゲージです。

人は自然にエンゲージする生き物なのです。エンゲージする

ことにより、自分を成長させることができます。

　また、同時に自分の願望や欲望を満たすために、自主的な行動を取ります。嫌なことや嫌な感情を伴ったことに対しては、腰が重くなり、なかなか動くことができません。しかし、自分が決めたことや嬉しい感情が伴うことに対しては、すぐに自分から行動できるのです。

　ここで1つ重要なことは、**エンゲージメントは自発的な行動である**ということです。どんなに人に「エンゲージしろ」と言っても、その人が自らエンゲージしなければ、エンゲージメントは起こりません。

　むしろ、「エンゲージしろ！」と言って強制的にエンゲージさせようとすると逆効果にもなりかねません。

　部下が自分で「やりたい」「エンゲージしたい」と思える状況に持っていく環境を作ったり、整えたりすることがリーダーとしての役割です。

　**エンゲージしやすい環境やエンゲージできる環境をリーダーが作ってあげることが大切になります。**

POINT

　　人は論理ではなく感情で動く。さまざまな感情や欲望、願望、行動が、自分や相手と「共感」した時にエンゲージが起こる。強制ができないからこそ、エンゲージできる環境作りがリーダーには求められる。

# 4 エンゲージメントを 引き出す2つのカギ

## 🔳 部下に寄り添ってエンゲージさせる

エンゲージは、部下に強制できません。しかし、部下のエンゲージメントを引き出すことは可能です。

ここでは、部下のエンゲージメントを引き出すために必要なことをお伝えします。

そもそも、あなたはどのような状態の時、自主的に行動しようと思いますか？

目標がある時でしょうか？

何らかの得がある時でしょうか？

これらは、自分のためにエンゲージしていると言えます。

では、仕事で自主的に行動していることはありますか？

また、その理由は何でしょうか？

昇給やボーナスアップなどが理由かもしれません。仕事に対するやりがいがあるからかもしれません。

このように、仕事に対するエンゲージメントの理由は、さまざまです。さらに、仕事ではエンゲージしていない人もいるでしょう。そういった彼ら全員をエンゲージさせるのは大変だと思うかもしれません。

エンゲージメントを引き出すには、たった2つのキーワードを押さえればOKです。

それは、「自己重要感」と「共感」です。

自己重要感は、「自分は重要な存在である」と自分で認識することです。

共感は、他人の感情を全く同じように感じたり、考えを理解したりすることです。

まずは、それぞれについて詳しくお話ししましょう。

## ━ 自己重要感を与える

リーダーは、部下の仕事や働きぶりなどを確認、管理しています。また、部下に仕事を振って、プロジェクトの一部を任せることなどもあります。

部下のエンゲージメントを引き出し、精力的に仕事をしてもらうためには、自ら「やろう」と思わせることが大切です。

リーダーが「うちの会社」と言うと、部下たちは「彼の会社」という認識が強まります。しかし、リーダーが「私たちの会社」と言うとどうでしょうか？

部下たちも「自分たちの会社」という認識に変わらないでしょうか？

一緒に働いている人々がその仕事や会社に対して、**「自分は重要な人材である」「私なしではこの仕事は達成できない」**という重要感を持つようにすることです。

仕事にしても、家庭にしても、**「自分がやらなくてはダメだ」**と思った時に、人は本当の能力や責任感を発揮します。

社員や学生、団員それぞれが自己重要感を持った時、エンゲージが発生し、新しい形の集団として動き出すことができます。

部下と接する際、**「君じゃなければダメだ！」**という気持ちで対応することが、部下をエンゲージさせる一番の近道になり

ます。

　人の根源的な欲望には、食欲や睡眠欲などがいくつかあります。しかし、名著『人を動かす』の著者であるデール・カーネギーは、人はそのような欲望よりも、「**他人に認められたい**」という欲望が強いと言います。

　つまり、「**人によく思われたい**」「**ひときわ優れた人間として扱ってほしい**」「**私に関心を持ってほしい**」などの欲望です。

　カーネギーは、これを「自己重要感」と言っています。

　リーダーが部下の抱いているこれらの欲望に対応することで、自己重要感を持ってもらえるのです。

　他にも、アメリカの心理学者であり、経営学者であるダグラス・マクレガーによって提唱されたX理論Y理論があります。これは、1950年代に提唱された人間観や動機づけに対する2つの対照的な理論のことです。

　X理論では、人は個人主義で、仕事に対するやる気はなく、責任を取りたがらないものであるという観念をベースにしています。「人は命令されなければ働かない」いわゆる指示待ち部下になるため、処罰も含めた「あめとむち」を使って管理します。

　一方、Y理論では、人は仕事を楽しみ、自己成長のために会社に貢献し、仕事にやる気があるという観念をベースにしています。そのため、リーダーは部下との人間関係を重要視し、より平等な仕事関係を目指します。

　つまり、Y理論に基づくと、リーダーが部下に自己重要感を与えることで、よりエンゲージさせることができるようになるのです。これは、まさにリーダーが目指すモデルと言えます。

## ━━ 共感する

　人の心とはとても複雑で、さまざまな考えを持って生きています。どんなに論理的に考えていても、「正しい答え」は見つかりません。なぜなら、自分で考えている正しい答えや考えは、必ずしも他の人にとっては正しい答えや考えではないからです。

　つまり、100人いれば100通りの答えや考え方があります。

　そういった難しい環境の中で、「リーダーとして何が大切なのか」を考え続けてきました。

　私がなぜ22年間もリーダーとして80〜200人もの人々（団員）をまとめることができたのか、それは「共感」を得ることができたからです。

　共感の「感」は、人の感性を刺激すること、つまり感動を指します。心情や欲望、願望、行動が、自分自身や相手と「共感」した時にエンゲージが起こるとすでにお話ししたように、人は心が動かされる行動や感動によってエンゲージするのです。

　近年、アメリカのビジネス界では、"Empathy"（相手のことを理解すること）と"Employee Engagement"（社員のエンゲージメント）の関係について、さまざまな研究や実例報告が出てきています。

　2017年、The Journal of Values-Based Leadership が掲載した "Cultivating Empathy: New Perspectives on Educating Business Leaders" では、会社で共有できる価値観やポジティブな人間関係を築く上で、共感はとても重要な要素であると発表されています。

他にも、「従業員のエンゲージメント問題は、共感によって解決する」「従業員のエンゲージメントを高めるためには、共感力にフォーカスすると良い」などとする記事が出てきています。

　Chapter 1で、「エンゲージを掘り下げると、"共感して、自主的に行動する"」という意味にたどり着くとお話ししたとおり、共感とエンゲージの深い関わりは、科学的に明らかになっているのです。

POINT

　部下のエンゲージメントを引き出すには、「自己重要感」と「共感」がポイント。「君じゃなければダメだ！」という気持ちで部下に対応することが、部下をエンゲージさせる一番の近道になる。

## 5 エンゲージメントは 「自己重要感」で高まる

### ━ 「自己重要感」を与える3つの行動

　部下をエンゲージさせるには、「自己重要感」が必要だとお伝えしましたが、実際にどうすれば部下に与えられるのでしょうか？

　それは、これからご紹介する3つの行動を意識するだけです。

### 部下に「自己重要感」を与える3つの行動

1．部下に伝える時は"WHY"から入る
2．部下にできる限りの決定権を与える
3．評価項目や方法を透明化する

　それぞれについて詳しくお話ししましょう。

### ━ 1. 部下に伝える時は"WHY"から入る

　最初に重要なことは、可能な限り「なぜ（WHY）、その仕事が重要なのか」をしっかりと部下に伝え、理解してもらうことです。

　例えば、上司から「今日中に、この資料を作っておいて」と言われるのと、「急遽、会社の利益に直結する商談が入ったんだ。あなたは、図表を作ったり、まとめたりするのが上手いから、ぜひあなたに資料作成を頼みたい。今日の15時までに必要なのだけれど、任せてもいいかな？」と言われるのでは、どちらが良いでしょうか？

おそらく、後者でしょう。

このように、しっかりとその目的が伝わっていれば、人はエンゲージしやすいものです。

自分の仕事がこの会社や団体の中でどの位置にあり、どのように貢献しているかをしっかりと知ることで、その人の心の中に「自己重要感」が生まれ、仕事への意欲が増します。

たとえ雑用や嫌な仕事でも、しっかりと「なぜ」を理解し、大きな絵の一部として行動できれば、エンゲージすることも可能です。

部下に「なぜ」をしっかりと理解してもらうことは、リーダーにとって重要な最初のステップです。

## ━ 2. 部下にできる限りの決定権を与える

2つめの「部下にできる限りの決定権を与える」ことの重要性は、リーダーの基本姿勢としてさまざまな本やセミナーで述べられています。プロフェッショナルリーダーとしても、この項目は「自己重要感」を与えるという意味でとても重要です。

人は他人に言われたことは"Do"、自分で決めたことは"Engage"する傾向があります。

「6ヶ月で、顧客の数を10％増やし、売り上げを15％増やす」という目標が上層部から降りてきた場合、「明日から最低でも1日4件の新規営業のアポを取ってください」と言われたら、あなたは言われた通りに行動するでしょう。

では、6ヶ月後、言われた通りに行動し、目標を達成できていたとしても、この目標のせいで残業や休日出勤などが増えて

Chapter 2

いたらどうでしょうか？

「なぜ、残業しないといけないの？」「1日に新規営業を4件なんて無理！」など、不満が溢れてくるでしょう。

　また、目標を達成しなかった場合、「目標の未達成は上司のせい！」「言われた通りの行動はしたのだから達成できなくても私のせいではない！」などと、責任転嫁してしまいます。

　一方、上司から、「6ヶ月で顧客の数を10％増やし、売り上げを15％増やしたいのだが、どうすれば良いのだろう？」と相談され、自分から「明日から新規営業のアポを1日4件取って頑張ってみます」と決めた場合はどうでしょうか？

　自分で決めたことなので、責任感を持って行動することでしょう。

　このように、決まったことを部下に伝えるのではなく、どうすれば良いか相談して部下にアイデアを出してもらったり、早い段階で部下を会議に参加させて、決定権や選択権を与えたりすることで、「自己重要感」を与えることができます。

　そうすることで、部下がエンゲージして、責任感を持って仕事に取り組んでくれることに繋がるのです。

## ● 3. 評価項目や方法を透明化する

　絶えず部下の生産性や勤務態度の向上を図り、さらにこれを維持することは、リーダーにとって重要な課題です。この課題を実現するには、部下の行動を適切に評価することが必要になります。

　一生懸命取り組んだ仕事や行動に対して、上司から「ちょっ

と、これはダメだな」と言われ、「だったら、もっと前からそう言ってください」と心の中で思ったことはないでしょうか？

　人は多かれ少なかれ「結果を出したい」「褒められたい」という欲望を持っています。そのため、リーダーが部下に対して「ちょっと、これはダメだな」と言ってしまうと、相手の欲望に共感しないことになるため、相手をエンゲージさせることが難しくなるのです。

　評価方法が透明化されていないと、こういうことが起こります。日頃から、評価方法や目標設定を共有できていれば、部下は**「何をすればいいのか」「どうすれば評価が上がるのか」**が明確になるため、こういうことは起きません。

　その結果、リーダーは部下からの信頼も得られ、部下をエンゲージさせることも可能になります。

　ところが、アメリカの企業と比べると、日本の企業における評価制度は曖昧な部分が多い印象を受けます。「なぜ、あの人が課長になったのか」「なぜ、あの人の賞与が他の社員よりも多いのか」など、評価された人はどのような過程を踏んで評価されたのかを透明化する必要があります。

　アメリカで主に使用している評価方法は、2つあります。数字など計測できるものの評価と、行動における評価です。行動は、数値化することが難しいため、グレーゾーンをいかに透明化するかが重要になっています。

　具体的な評価方法については、Chapter 5でお話ししましょう。

　ここ数年、"Assessment"（アセスメント、評価）という言葉は、欧米のビジネス界や教育界でとても重要になってきています。リーダーは、個々人に**「どうすれば出世できるのか」「どうす**

れば良い成績を収められるのか」など、明確に文書にして示す
ことが会社や学校から義務づけられています。

「自己重要感」は、「自分が役に立った」という、正しいこと
や会社の利益になることを達成した時に生まれます。アセスメ
ントをしっかり示すことで、部下に「自己重要感」を与えるこ
とができるのです。

POINT

　人は、自分で決めたことは、責任感を持って行動する。リー
ダーが、「なぜ、その仕事が重要なのか」を伝え、「決定権」
を与えることと、評価項目や方法を透明化することで、部下
は自らすべき行動を考え、取り組むようになる。

## 6 | 「共感」すると すべてが変わる

### 共感する力を得るための6つの習慣

エンゲージメントに大切な「共感」というキーワードは、英語で次のように表現します。

## Empathize

この単語には、「分かる・気持ちを理解する」という意味があり、リーダーが部下に "Having Empathy"（共感を持つこと）を伝えることはとても重要であると言えます。

欧米では、共感してくれる人（自分のことを理解してくれる人）のことを "Empathic People" と呼び、教育において「共感」は重要なスキルの1つであると考えられています。

共感は、人それぞれの性質のように思えますが、実は意識することで共感を高めることができるのです。

オーストラリアの哲学者ローマン・クリズナリック博士は、**共感する力を得るために必要な習慣**を6つ掲げています。

### 共感する力を得るための6つの習慣

1. 他人のことに興味を持つ
2. 先入観や偏見ではなく、共通点を見つける
3. 他人の人生を理解してみる
4. 人の話をとにかく聴き、自己開示する

5. 大衆の行動と世の中の変化に敏感になる
6. 多大な想像力を持つ

これらの習慣は、相手に共感する上でとても重要です。では、1つずつ詳しく説明していきましょう。

## ■ 1. 他人のことに興味を持つ

共感する力を得る上で重要なことは、相手との関係に興味を持つことです。

「**相手のことを知ろう**」「**相手を理解しよう**」などの気持ちは、言動や態度にも表れます。相手に共感することで、他人と気軽に話し、相手の言葉や行動に興味を持ち、対応することができます。

自分のことよりも相手のことや相手の人生を気遣う心を持ち、相手のことを知ろうと努力するのです。

アメリカの心理学者ロバート・ザイアンス博士は、人間関係の基礎となる「**熟知性の法則**」を発表しました。その内容は、次のとおりです。

### 熟知性の法則

1. 人は知らない人に対して、攻撃的、批判的、冷淡に対応する
2. 人は会えば会うほど、その相手に対し好意を持つ
3. 人は相手の人間的側面を知った時に、その相手に対し好意を持つ

ザイアンスの「熟知性の法則」は、繰り返し接すると好感度が高まったり、印象が良くなったりするという単純接触効果に基づいています。人は知らない人に対して警戒心を抱く性質を

持っているため、攻撃的や批判的、冷淡になります。しかし、繰り返し接することで、相手への警戒心が解かれていくため、攻撃的や批判的、冷淡な対応を取らなくなるのです。

さらに、相手を目にする頻度や会話する頻度が増えると、相手に対して「良い印象」を得たり、相手の行動や相手との会話の中で、人間的な側面を知った時は、さらに良い印象を得ます。

ただし、この法則はすでに嫌な面やネガティブな側面を抱いている相手には、逆効果になるので注意しましょう。

## 2. 先入観や偏見ではなく、共通点を見つける

人は誰でも自分の育った環境や教育に影響され、さまざまなことに対して先入観や偏見を持っています。その結果、差別や劣等感、優越感など、ネガティブな感情が生まれてしまうのです。

熟知性の法則から、人は知らない人に対して批判的になるので、初めて会った人に対して、すぐに欠点を見つける傾向があります。

しかし、重要なことは、自分と相手との違いや相手の欠点を見つけることではなく、共通点を見つけることです。共感しやすい人は、常に人との共通点を探す傾向があります。

例えば、入社したばかりの会社で隣りの席の人と出身地が同じだったらどうでしょうか？

その時まで、同じ会社で働く人としてしか認識していなかった人が、急に親近感のある人にならないでしょうか？

リーダーは、「相手のことを知ろう」という心持ちで、部下の話を聞き、自分との共通点を見つけることが大切です。部下自らリーダーに心を開くのは難しいので、リーダーから話しか

けることで、良い人間関係を築く突破口を開くことができます。

## ● 3. 他人の人生を理解してみる

　人は自分と同じ経験を持っている人に共感を抱き、理解されているという気持ちになる傾向があります。アメリカ先住民の言い伝えに次のものがあります。

Walk a mile in another man's moccasins before you criticize him.
人を批判する前にその人の靴で1マイル歩いてみなさい。

　人はみんな、それぞれ違う生き方をしているので、全く同じ人生経験というものはありません。しかし、その人が歩いてきた道はその人にとってのベストであり、精一杯の道なのです。相手の人生を自分の人生のように考え、人に接することが共感に繋がります。

　例えば、部下に「家族として大切にしているペットの体調が悪いので、休ませてください」と言われた時、あなたならどうしますか？

　今やペットは家族同然の存在とされます。ペットを飼っている人であれば、その部下の気持ちが分かるかもしれません。
　しかし、ペットを飼ったことがない人や動物が苦手な人は、「子どもの体調が悪いならともかく、なぜ動物の体調が悪いだけで会社を休まなければならないのだ」と疑問に思うかもしれません。
　この時、部下の思いをおしはかるべく、自分が大切にしている存在に置き換えて考えてみるのが、「相手の人生を理解してみる」ための第一歩になります。

相手の人生を理解するには、相手の立場に立った時、自分が
どう思うのかではなく、「相手がどう思っているのか」を考え
る必要があるのです。

## ● 4. 人の話をとにかく聴き、自己開示する

「人は話すことにより、心が癒される」

　これは、近代臨床心理学の祖の１人であるカール・ロジャー
スの言葉です。
　カウンセラーは、ひたすら相手の言うことを聴くことに専念
します。人は言いたいことを全部吐き出した時、ホッとして安
心します。なぜなら、自分のことを分かってもらえたと思うか
らです。

　リーダーもカウンセラーと同じです。部下の言いたいことや
思っていても言えないことをひたすら聴くのが仕事です。
　なぜなら、リーダーが話すと部下は口を閉じてしまいやすい
からです。上下関係があるので、部下は「リーダーが話してい
るから、聞かなければいけない」と感じてしまいます。さらに、
「リーダーの意見に賛成したほうが良いのではないか」とウソ
をつく可能性もあります。

　アメリカでは人と話している時、自分が話している時間を
**"my time"**、相手の話している時間を **"your time"** と言います。
　そして、人と話す時は「80 対 20 の法則」を使うことを心掛
けてください。
　つまり、"my time" を20％、"your time" を 80％の割合に
するのです。

さらに、話を聴く上でもう1つ大切なことがあります。それ
は、20％の"my time"でリーダーが自己開示することです。
　部下が話しやすい環境を作ることができれば、どんどん自己
開示してくれるようになるため、より共感を得やすくなります。

　リーダーが共感する力を得るための秘訣は、部下の話に耳
を傾けながら、自己開示することです。"my time"と"your
time"を意識しながら、部下とコミュニケーションを取りましょ
う。そこから生まれてくる部下の自己開示が共感への大きなス
テップとなります。

## ● 5. 大衆の行動と世の中の変化に敏感になる

　人は集団行動を重要視するため、世の中の変化や世間から見
る正しい行動に共感しがちです。

　例えば、世界の環境汚染が問題になっており、地球温暖化か
ら始まるさまざまな気候変動やそれによる災害などは、生活の
中でも体験しています。
　そのため、地球温暖化に対する危機感が高まり、リサイクル
や再生エネルギーに対する提案やプロジェクトには、共感を得
られる可能性は高くなっています。

　リーダーが常に大衆の行動や世の中の変化を観察し、しっか
りと理解することで、部下との共感を共有しやすくなります。

## ● 6. 多大な想像力を持つ

　突然ですが、想像力と共感は、どのような関係を持っている
のでしょうか？

共感する力を得るための重要な要素に、「**相手の世界を理解すること**」と「**自分の世界を理解してもらうこと**」があります。この２つの世界に共通点が生まれた時、エンゲージが起こります。

　相手の世界を理解するには、自分の全く知らない世界を想像する必要があります。そのため、持っている固定観念や先入観をなくし、その世界を自分の中で作り上げることが必要になります。自分が思っている以上の世界の可能性を想像することで、それを理解し、新しい可能性を提案したり、共有したりすることができるのです。

　反対に、自分の世界の外を見る力がなければ、共感する力を得ることは難しいでしょう。
　まずは、自分の持っている固定観念や先入観を認識する必要があります。なぜなら、固定観念や先入観は、相手のエンゲージメントを妨げるからです（詳しくは、次ページでお話しします）。

　相手に共感するのは、一朝一夕でできることではありません。そのため、リーダーは普段から「共感する力」を得るためにご紹介した６つのことを意識して行動する必要があります。

POINT

　リーダーが、部下の言葉、行動に興味を持ち、部下に自分のことを知ってもらうことによって、「共感」を伴う人間関係を築くことができる。

## 7 部下のエンゲージメントを 妨げるのもリーダー

### ━ 一方的な否定や拒否をしない

エンゲージメントは、個々の心の状態の変化です。私たち1人ひとりがそれぞれ心の状態を感じ取ったり、心の状態に動かされたりして、行動するのです。

エンゲージメントが起こりやすくなる行動についてはすでにお話ししましたが、反対にエンゲージメントが起こりにくい環境とはどのようなものなのでしょうか?

リーダーと部下の世代間で最も弊害になることは、「今まで、こうやってきたから上手くいった」の一言です。

人は、それぞれ新しい考え方や方法を学んできました。その方法が100%正しいとは限りませんが、**新しい方法をしっかりと理解することは部下のエンゲージメントを引き出すリーダーとして重要**です。

部下を理解する努力や心遣いをせず、一方的に否定や拒否をすることは、部下のエンゲージメントを引き出す環境では絶対に行ってはいけないことです。

私が大学で若い教授を新しく雇った時、彼は就任前から「たくさんの新しい機材を買ってください」と要求してきました。それは、私が今まで聞いたことも、使ったこともない機材でした。

「音楽教育にこんなものは必要ない」と考え、また彼が就任前ということもあり、機材を購入する予算もないことから見送る

つもりでした。

　ところが、彼がきちんと「この機材を使うとこういう方法で教えられる」「この機材では、こういうことができる」などと、しっかり理由を説明した上で、機材を購入してほしいと自発的に提案してきたことから、リーダーとしては、彼が教えるために100％の環境を整えたいと思うようになりました。そして、あちらこちらからお金を集め、その機材を購入したのです。

　彼は私が機材が準備したことに喜び、「この機材を使うことで学生の演奏における基礎力を向上できる」「この機材を使って、こういう授業ができる」など、エンゲージして自主的に授業を考え、私に相談してくれました。

　そして、彼が機材を自在に扱った授業では、学生の演奏力が短期間で今までにない成長を遂げたのです。私は、大変驚き、彼にその機材の使い方を教えてもらい、使い始めました。

　もし、私が彼の要求を一方的に否定し、新しい機材を購入しなければ、彼がエンゲージすることはなかったでしょう。

　部下の提案にきちんとした理由や根拠がある時は、リーダーは少し無理をしてでも環境を整えてあげるべきなのです。

## ━ 部下の考えや方法を尊重する

### My Truth may not be his/her Truth.

私が知っている真実は必ずしも他人が知っている真実ではない。

　自分と違うすべての人たちは、自分が考えられないようなことを知っています。つまり、上記の言葉は「自分が持っている真実（手段・価値観など）は、他の人にとっては真実でないかもしれない」と伝えているのです。

まずは部下の考え方や方法を尊重しましょう。そして、**絶対に否定はしない**でください。

「絶対に間違っている」と思ったとして、その思いを心の内に隠しておくことで新しい可能性が生まれることがあります。

　資料を作成する時、自分が失敗した方法を部下がしていたら、あなたはどう思うでしょうか？

「その方法は失敗するからやめたほうが良い」と思うのではないでしょうか？

　このように、人は自分自身の経験から、成功しやすい・失敗しやすいという方法をラベル分けして、ストックとして持っており、判断軸に使っています。

　ミスをしないというメリットはありますが、一方でそればかりに囚われていると新しい方法を見出したり、新しいアイデアを得たりすることは難しいでしょう。

　自分が成功していると思った方法よりも、ベストな方法があるかもしれません。そういった方法を見つけるためにも、固定観念や前例に囚われないように気をつけたほうがいいのです。

　自分が持っている固定観念や前例をとにかく手放し、新しいことから学ぶことは、より良い人間関係を築いたり、部下のエンゲージメントを引き出したりするためには必要です。

## ■ 部下を信用する

　"Micromanagement"（マイクロマネジメント）は、1つひとつの行動を細かく管理したり、チェックしたりするマネジメントのことです。

　例えば、リーダーが部下に「仕事Aをやっておいて」と任せ

たにもかかわらず、「企画書は書けたか？」「見積もりは確認したか？」「アポは取ったのか？」と、1つひとつの行動について口を挟んでしまうことを言います。直接的ではなくとも、実際かなり多数の企業や会社で使われています。

リーダーがこのように細かいチェック項目で部下の作業を確認するため、部下は「信用されていない」という気持ちになります。そのため、マイクロマネジメントに対しとてもネガティブな印象を持っている人が少なくありません。

私が見てきた日本文化の特徴として、人に対してあまり直接ものを言わないことがあります。間違った行動を注意したり、困った行動を直接修正することはあまりしていません。
一方で、何か問題があると連帯責任をとらせ、新しいルールを作ってすべての人の行動に制限をかけ、マイクロマネジメント的な環境を作り出しています。

人はある程度、指示を必要としています。
「この仕事をやっておいて」と言われるよりも、67ページでご紹介した折り鶴の指示のようにしっかりした指示や目標、目的、特徴などのデータがあったほうが仕事はやりやすく、安定します。
しかし、人は自分の意思を必要以上にコントロールされることを嫌がる性質を持つことから、リーダーはどこまでコントロールするかをしっかりと考える必要があります。

エンゲージメントに必要なことは、部下が自己表現できることです。
アメリカの教育者の重要な権利に、"Freedom of Teaching"（教え方の自由）があります。教育者は教えるプロなので、自

分の教え方を決める、つまり他人が「こうやって教えろ」など
の強制はできないという権利です。

　これは他の仕事をしている人にも当てはまるでしょう。しっか
りした結果さえ出せば、方法はその個人に任せればいいのです。

　仕事でレポートを書かなければならない場合、極論になります
が、しっかりしたレポートが完成するならば日中の仕事時間に
取り組もうとも、夜中に取り組もうとも関係ないのです。

　マイクロマネジメントをするマイクロマネジャーにならない
ためには、**部下を信頼すること**が最も大切です。なぜなら、１
つひとつのことを細かく確認してしまうのは、表現はどうあれ
部下を信頼していないからです。仕事に慣れていない部下や能
力が不安な部下に対して、逐一確認しなければいけないと思っ
ている人も多いでしょう。

　しかし、細かいことまで逐一確認されては、部下に「自分は
信用されていないんだな」という気持ちを抱かせてしまいます。

　リーダーは、仕事の目的や内容、期日を明確に部下に伝える
際、少し心配な部下に対しては、途中経過の報告を作業の１つ
として指示すればいいのです。そうすることで、リーダーは「あ
いつはきちんとできているだろうか」「きちんと期日までに仕
事を終わらすことができるだろうか」など、気を揉む必要がな
くなります。

　部下からの途中経過の報告で、できていないことや間違って
いる点があれば、Chapter 3 でご紹介するコンストラクティブ・
フィードバックを活用して、仕事を立て直してあげましょう。
**リーダーの最大の仕事は、部下のサポートなのです。**

## ━ ネガティブな環境を払拭する

エンゲージメントが起こるには、感情の変化が不可欠です。

必要となるのはポジティブな変化であり、ネガティブなものは全く必要ありません。

ひと昔前はネガティブな環境で人は育っていました。その時、「ライオンは子どもを谷に突き落とす」という表現が美化され、スパルタ教育がメインでした。

しかし今やネガティブな環境で人材を育てるのは難しくなってきました。

なぜなら、ネガティブな環境に対する社会的な批判が増えてきたため、社会的に受け入れられていないからです。

また、今の若い人材は、幼い頃から「体罰はダメだ」など、ネガティブな教育方法を否定した環境で育ってきたので、ネガティブな環境自体に慣れていないだけでなく、否定的な印象を持っています。

髙橋尚子氏を始め有名マラソン選手を輩出したコーチの小出義雄氏は、スパルタ教育が全盛期だった日本のスポーツ界で、**「褒めて育てる」**というポジティブな育成方法を貫きました。

反対に、固定観念に囚われスパルタ教育を続けた方々は、何らかのトラブルで、失脚してしまっています。

このように、時代の変化に合わせて教育方法を変える、つまりパーソンセンタードを心掛けることが重要です。今の教育にネガティブ環境は必要ありません。むしろ、ポジティブな環境が大切なのです。

ポジティブな部下育成の方法については、Chapter3 で詳しくお話ししましょう。

リーダーは部下のエンゲージメントを高めることができますが、反対に間違った方法で部下育成をしてしまうと部下のエンゲージを妨げてしまいかねません。

　部下をエンゲージさせたり、妨げたりするのは、リーダーなのです。

POINT

　部下のエンゲージメントを妨げる最大の壁が、管理型リーダー（マイクロマネジャー）。部下のサポートのために、何ができるのか、常に考え続けることが、プロフェッショナルリーダーのあり方。

# 3

Chapter

パーソンセンタード下における
リーダーの仕事

# 部下がエンゲージできる環境を作る

## ➡ 3つの環境を構築して部下をエンゲージさせる

エンゲージメントは、人の心の中から出てくるものであり、外部から強制的に引き起こすことはできません。

**「環境が大切である」「リーダーには環境を変える力がある」**とお話ししましたが、具体的には**「エンゲージしやすい環境」**をリーダーがどのように作っていくかが大切です。

人がエンゲージできる環境は、3つあります。
1. Safe Environment（安全な環境）
2. Positive Environment（肯定的な環境）
3. Supportive Environment（協力的な環境）

これら3つの環境は、段階的に成立します。そのため、Safe Environment が構築されれば Positive Environment、Positive Environment が構築されれば Supportive Environment が構築されるというように、3つの環境が整っていくのです。

環境は、リーダーによって大きく変わります。これが組織のすごいところです。

あなたも、リーダーが代わったことによる環境の変化を体験したのではないでしょうか。ちょっとしたルール変更やリーダーのキャラによって雰囲気が大きく変わります。

最近では、アメリカの大統領がとても良い例です。

2017年にトランプ大統領が就任してから、アメリカ国内外の環境は180度と言っていいほど変わりました。国民の分断は深まり、差別主義者が力を持ち、数々の世界条約から離脱したことで、アメリカは世界各国から信用できない国としてレッテルを貼られるまでになりました。ところが、2021年にバイデン氏が大統領になったところ、アメリカはまた大きく変わりました。

さて、リーダーの強大さは、十分イメージできたことでしょう。だからこそ、**「環境作りが大切」**だと、私はお伝えし続けているのです。

1つずつ、具体的にお話ししましょう。

## ━ 1. Safe Environment（安全な環境）

"Safe"（安全）という言葉を聞いた時、あなたは最初に何を思うでしょうか？
おそらく、ほとんどの方は「身の安全」を思い浮かべるのではないでしょうか？
たしかに、それも必要です。

職場の場合、Safeというと、禁煙の職場や清潔な職場、騒音のない職場、ハラスメントが起きない職場などが挙げられます。これらは、もうすでに世の中では当たり前のことになっていますが、これもリーダーの判断や導きによって各社が準備したはずです。

このような環境はもちろんですが、さらに**心理的な安全が必要**となります。

**心理的な安全とは、自分が自分でいられる環境のことです。**

私たちは普段から周りの空気を気にして行動しています。特に、日本人は空気を読む傾向が強いようです。

先日、大手家具チェーンの社長さんがインタビューで、「許可を得るのを待つよりも行動してから、"すみません"と謝れる人材になれ」とお話しされていました。

これは正論であり、今求められている"自分から行動する人材"という観点からは良いことだと私は思います。たしかに、"自発的な行動力"はエンゲージメントの副産物のようなものであり、とても大切です。

しかし、社長のおっしゃる行動は"Safe Environment"（安全な環境）がなければかなり難しいのです。勝手なことをやって怒鳴られたり、減給されたり、ましてやクビになったりする環境では自発的な行動はできません。

1つ悪い例をお話ししましょう。

上司であるAさんが以前、部下のBさんに新しいダイレクトメール（DM）のアップデートをお願いしました。Bさんはとてもやる気を持っており、少しデザインを新しくして、自分なりにアップデートしてAさんに見せました。すると、Aさんは「前のデザインをどうして変えたんだ。余計なことをして。僕は内容を直してくれと指示したはずだ」とお話しされていました。

Aさんの反応をあなたはどう思うでしょうか？

たしかに、この部下は言われたこと以上のことをしました。そしてそれは、上司の求めているものではありませんでした。

仕事なのだから上司に言われた通りのことをすれば良かったと思う人もいるでしょう。たしかにそうです。

しかしこの時、上司であるAさんもまた、大きなミスを犯し

ていました。それは、Ａさんがこのような態度をとった結果、
Ｂさんはもう二度とＡさんに対して、新しい挑戦をすることも、
提案をすることもないでしょうし、**自分を守るために言われた
ことだけをやるでしょう。**

　いわゆる "Do" の人材となってしまったのです。


　自分を守らなくてはならない環境下では、エンゲージメント
は絶対に起こりません。そのため、部下のエンゲージを引き
出すためには、部下が安心して挑戦できる環境、つまり **Safe
Environment（安全な環境）** を作る必要があるのです。


### ● 2. Positive Environment（肯定的な環境）

　次に必要なのは、**"Positive Environment"（肯定的な環境）** で
す。なぜなら、Safe Environment が構築されても、Negative
Environment（否定的な環境）であれば Chapter 2 でご紹介し
たようにエンゲージメントを妨げてしまうからです。


　先ほどのＡさんが、もし「このデザインはとても良いね。君
がこんな才能を持っているなんて知らなかった。ありがとう。
今回は急ぎの仕事だから、今までのデザインでお願いしたいけ
れど、次回は君が中心になってデザインを考えてもらおうかな」
などと言っていたら、Ｂさんはどう思ったでしょうか？
「やってみて良かった、新しいチャンスが生まれそうだ！」と
思い、やる気が高まるでしょう。


　リーダーの前向きな発言や答えは次を生み出す原動力になり
ます。リーダーが**肯定的に伝えるだけで、部下のエンゲージメ
ントを高めることができる**のです。

Positive Environment（肯定的な環境）を構築するには、フィードバックの方法が重要になります。詳しくは、111 ページでお話しします。

## ➤ 3. Supportive Environment（協力的な環境）

最後に必要なのは、"**Supportive Environment**"（**協力的な環境**）です。

Supportive Environment とは、社員が困った時にリーダーだけでなく、周りの人たちも助けてくれるような環境のことです。

Supportive Environment が構築されていなければ、部下が仕事で困っている場合などに、リーダーに「協力してほしい」と言いづらかったり、1 人でパニックになってしまったりと、リーダーに相談することができません。

その結果、部下のエンゲージメントを引き出すことができないどころか、仕事がスムーズに進まなくなってしまいます。

このようなことにならないためにも、Supportive Environment は、率先してリーダーが作らなくてはいけません。

先ほどの例において、Supportive Environment が構築されていれば、部下であるBさんはDMを自分なりにアップデートする前に「DMのアップデートについて、ご相談があります。このデザインだと顧客にとって読みづらい部分があるので、少しデザインを変えたいと考えています」などと、上司であるAさんに相談した可能性が高まります。

リーダーは、**常に困っている人の側にいてあげるように心掛け、部下から相談しやすい環境を作ることが重要**です。また、部下が何か困っていないかに気づくためにも、日頃から良好な人間関係を築きましょう。

アメリカの職場では、個々人に部屋が割り当てられている場合が多いので、リーダーは Supportive Environment のことを "Open Door Policy"（オープンドアポリシー）と表現しています。これにはもともと「門戸開放主義」という意味があるのですが、「私の部屋のドアは常に開いているよ」の比喩でも使われています。部下に対して、アポがなくても、問題が起こったり、話したいことがあれば、いつでもすぐに来てくださいということを伝えています。

　このように、部下が助けを求めやすい環境を作ることで適宜対応ができ、仕事がスムーズに進むだけでなく、いつでも自分たちのことを見ていてくれていると部下からの信頼も高まります。

　リーダーがすべての仕事に対して、リーダーとしての責任を明確にし、「必要なことは何でも協力する」と相手に伝えることで、Safe Environment（安全な環境）から Positive Environment（肯定的な環境）、Supportive Environment（協力的な環境）を構築することができます。

　そうすることで、より良い職場環境になり、部下のエンゲージメントが起こりやすくなるのです。

POINT

　　環境はリーダーによって作られる。リーダーが自身の責任を明確にし、部下のエンゲージを促す、"Safe Environment" "Positive Environment" "Supportive Environment" を作ることから職場が変わる。

## 2 良い結果をしっかり褒める

### ● 部下が喜ぶことを言う

あなたが、もしも他人に「お前はダメだね」と言われたら、どのような気持ちになるでしょうか？

おそらく、「ダメとはなんですか！」と腹を立てたり、とても嫌な気持ちになったりするでしょう。

一方、他の人から「あなたは本当にすごいですね」と言われたら、とても嬉しくなるでしょう。

## 人は事実ではなく、言葉に反応する

言葉1つで、人はやる気になることも、激怒することもあるのです。

そのため、リーダーは次のことを大切にしてください。

## 部下のことを考え、常に言葉を選ぶ

人は、自分がどう生きるかよりも、他人からどう見られているかのほうが気になります。

人に良く思われたいというのは、人間が持つ大きな欲望の1つです。それゆえ、部下を認めて褒めることは、人間関係を良くする有効な方法と言えます。

## ━ 部下を肯定する「SOS話法」

　あなたの話を聞いている相手が、無言で頷くこともなければ、どこを見ているかも分からないといった態度の場合、あなたはどう感じるでしょうか？

　この人に、自分のことをいろいろと話そうと思うでしょうか？

　おそらく、早く話を終えたいと思うはずです。つまり、どんなふうに話を聞くかによって、相手の「話したい」という気持ちは左右されるのです。

　相手の話を聞く時は、相づちを打つことで「あなたの話を聞いていますよ」と示すことができます。ここで大切なことは、肯定的な相づちを打つということです。

　肯定的な相づちとは、無言で首を縦に振って相づちをするのではなく、「うんうん」「へーそうなんだ」などといったちょっとした言葉を発しながら相づちを打つことです。リーダーは、肯定的な相づちをすることで、部下の「話したい」という気持ちをエンゲージさせることができます。

　相づちを打つ際、おすすめしたいのが「SOS話法」です。
「SOS話法」とは、相手の言動に対してすかさず次の3つの言葉を発することです。

### SOS話法

　　S＝すごいですね
　　O＝驚きました
　　S＝さすがですね

　相手の話を聞いている時に、「すごいですね」「驚きました」「さすがですね」というポジティブな言葉を発しながら相づちを打

ちましょう。そうすることで、相手は「もっと話そう」「もっと伝えたい」とより思えるようになるのです。

## ➡ 部下が褒めてほしいことを褒める 「みほこさんの法則」

次は、部下を褒める時におすすめの法則をご紹介します。部下に対してポジティブな反応をしたり、部下を褒めることで、エンゲージさせることができるとお話ししました。

では、具体的には、どのように褒めれば良いのでしょうか。

おすすめなのが、「みほこさんの法則」です。

```
■─────── みほこさんの法則 ───────■

    み＝認める
    ほ＝褒める
    こ＝肯定する
    さん＝賛成する
```

これは、人を褒める時に効果大の4つのコツをまとめたものです。特に重要なのは、「部下が褒めてほしいと思っていること」を褒めることです。

部下の発言に注意していると、何を褒めてほしいかが分かります。

部下が「最近、営業先と仲良くすることができるようになったんです」と言えば、営業を頑張っていることを褒めてほしいのだと推測できます。

そこで、「すごいな。なかなか営業先と仲良くするのはできないことだよ」「営業を頑張っているね。どうやって仲良くできたの？」と、部下が最も褒めてほしいことを褒め、話を聞い

てあげるといいでしょう。

　人は褒められると嬉しく思い、より頑張ろうとエンゲージします。
「部下が何を褒めてほしいのか」を見極めるには、日頃から部下とコミュニケーションを取って、部下の話をしっかりと聞いておくことが重要です。

　部下が良い結果を出した時は、必ず褒めて、そのことを認めましょう。どんなにモチベーションが低い部下であっても、エンゲージメントを引き出すことができます。

POINT

　　部下が成功した時は、ただ褒めるのではなく、部下の「褒めてほしい」ところを見極めて、きちんと褒め、認めることで、リーダーとして信頼を得ることができる。

# 何事も肯定的に対応する

**3**

## ➡ YES Personになる

例えば、あなたが上司の部長にレポートを提出したとします。
この時、部長の反応はどうでしょうか？
「よくできた。エライ、ご苦労さん」と言うでしょうか？
「後で見ておくから」と言って放っておくでしょうか？

私がアメリカの大学で学部長をしていた時、「新しい学生を学部に募る」という仕事も担当していました。

その一貫として、学部の特徴を目玉にしたイベントを開催することになり、何週間もかかって企画書を作成しました。

イベント自体は初めてではなく、以前にも開催したことはあったのですが、その時は集客が上手くいかず、失敗に終わっていました。今回は、その失敗を踏まえて、企画を新しく作り直すことになったのです。

毎日、夜遅くまでかかって、費用を計算したり、グラフを作ったり、図表を入れたりして、約20ページにまとめた企画書を仕上げました。

明くる日、上司にその企画書を提出すると、上司は私の力作をペラペラとめくり、こう言いました。

**部長**（以下、部）「箱田くん、これはなんだい？」

私は、なぜそのような質問をされたのかが分からず、次のように答えました。

箱田（以下、箱）「企画書です」

部　「それは分かっているよ。私が言っているのは内容だよ。こ
　　　れはダメ。他のところで大失敗したパターンだろ？」

箱　「ええ、しかし、内容は似ていますが、全く違うアプローチ
　　　をしています。ですから、大丈夫です」

部　「大丈夫じゃないよ。他で失敗したパターンじゃ OK できな
　　　いね」

箱　「でも部長、絶対成功します。内容を一新していますから、
　　　必ずできますよ」

部　「とにかく、これはダメ。ちゃんとした成功例を持ってきて」

　なんと、私が何週間もかけて作り上げた力作を、部長はパラ
パラと 1 分間眺めただけで、ボツにしてしまいました。
　部長の毅然たる態度に押されて、私も仕方なく「はい、分か
りました」と引き下がるしかありませんでした。

　部下が何かを提出・提案した際、リーダーがしっかり見るこ
ともせず、ネガティブな反応を示すと、部下は「この人には何
を提出してもダメだろうな」という気持ちになってしまいます。
　この時の私も、「どうせ成功例を使った企画書を提出しても、
いろいろな文句をつけてくるだろうな」と思い、上司に企画書
を再度提出することはありませんでした。

　この事例からも分かるように、人を動かすコツは、まず即座
に否定せず、「これ、なかなかいいね。よくできているよ」とい
う具合に、**とりあえず肯定的な対応をする**ことです。
　先ほどの例を肯定的な対応に置き換えると次のようになりま
す。

部長「箱田くん、これはなんだい？」

箱田「企画書です」

部　「いいね！　よくまとまっていると思うよ」

箱　「ありがとうございます」

部　「今すぐには内容まで詳しく見ることができないから、○○
　　　までの返事でもいいかな?」

箱　「もちろんです！」

部　「分かった。じゃあ、ゆっくり見てから返事をするね」

箱　「ありがとうございます！」


　このように、リーダーが最初の対応を"Yes"と肯定的にす
ると、部下のエンゲージメントを妨げることがありません。そ
のため、部下のやる気を損なわずに、修正や改善の指示をする
ことができるようになるのです。しかし、人はすぐに自分の言
動を変えることはできないので、習慣をつけるように意識しま
しょう。


「褒めると調子に乗る」人もいますが、全員がそうではありま
せん。まずはポジティブな反応で対応し、「調子に乗る人」がい
れば、ポジティブな反応を示しながらも事実を伝えて諭すよう
に対応すればいいのです。

　人は、頭ごなしに"NO！"と言われると、やる気を完全に失っ
てしまいます。

　リーダーは、次にご紹介する Positive Feedback（ポジティブ・
フィードバック）と Constructive Feedback（コンストラクティ
ブ・フィードバック）を心掛け、肯定的に対応するように意識
してみましょう。


　良い人間関係を築く上で、ネガティブは必要ありません。ネ
ガティブな言い方一つで、人間関係が崩壊してしまうことも
往々にしてあります。

部下の問題や失敗を修正する際も、肯定的な言い方をするように心掛け、部下のエンゲージメントを持続させましょう。

## 🔳 2つのフィードバック方法

　フィードバックとは、部下に業績（行動）に対する評価（情報）を与えることであり、その後の部下の行動に影響します。
　部下に業績や結果などをフィードバックする際に重要なのは、「**フィードバックとは、部下の間違った行動を注意することではなく、今後の行動を良くするために当てる評価**」ということです。

　エンゲージメントを向上させるフィードバックは、基本的に次の2種類があります。
・Positive Feedback（ポジティブ・フィードバック）
・Constructive Feedback（コンストラクティブ・フィードバック）

　ポジティブ・フィードバックとは、部下がしている正しい行動や仕事を褒め、強調することで、部下をエンゲージさせる方法です。リーダーが、正しいことを「正しい」「よくやっている」としっかり強調することで、部下の自信ややる気へと繋がっていきます。

　一方、コンストラクティブ・フィードバックとは、部下がしている間違った行動や仕事を肯定的に指摘し、正しい方向に導く方法です。
　つまり、成長に繋がるフィードバックとも言えます。
　部下の間違った行動や効率的でない仕事などを修正するには、リーダーがしっかりと正しい方法を示してあげることが重要です。
　コンストラクティブ・フィードバックは、まず相手の行動を肯定的に指摘してあげることにあります。なぜなら、失敗した

いと思って仕事をしている人はいないからです。みんな、自分なりに考えて、正しいと思って仕事をしています。

　そのため、部下の行動を肯定的に指摘し、より良い方法を示してあげることが重要です。


　例えば、部下が「1ヶ月で新商品を 100 件受注する」という目標を達成できなかった時、リーダーはどのようなフィードバックをすれば良いでしょうか？

「目標を達成できなかったね。80 件の受注だったけれど、まあ頑張ったね」と言ってしまうと、部下のエンゲージメントを妨げてしまいます。なぜなら、目標を達成できなかったことを部下自身が一番分かっているので、わざわざネガティブなことを伝えてしまうと、逆効果になってしまうからです。

　相手の行動を否定する Negative Feedback（ネガティブ・フィードバック）は、リーダーには絶対的に不要なのです。


　この場合、まずは部下のできたところや良かったところをフィードバックします。部下が受注を取るために新商品をアピールする資料を作成したものの、目標の 100 件には到達できなかったのなら、「この資料はすごいね。まとめるの大変じゃなかった？」とできている点を褒めます。

　そして、「資料はお客さんに渡せた？」などと会話を重ね、どこに問題があったのかを探っていきます。部下が「いえ、お客さんにはなかなか渡せなくて……」など問題点を提示したら、コンストラクティブ・フィードバックを使って、「こんな素敵な資料なのにもったいない！　どうやって渡そうとしていたの？」などと肯定的な反応をしながら、問題点を修正していきます。


　他にも、部下が資料を作成する際、効率の悪い方法をしていました。この時、「その方法だと効率が悪いよ」とネガティブ・

フィードバックをしてしまうと、「これでいいんです」「放っておいて」などと部下の反感を買い、エンゲージメントを妨げる可能性が高くなります。

そのため、ポジティブ・フィードバックとコンストラクティブ・フィードバックを使って、「資料を作成してくれてありがとう。とても見やすいね。ここにこの式を入力すると、少し楽にデータをまとめられるよ」のように、**肯定的なこととどうすればいいかを明確に示す**のです。

そうすることで、部下のエンゲージメントを妨げることがなく、問題を解決するための方法を一緒に考えることができます。

部下が間違っている時こそ、リーダーは見て見ぬ振りをするのではなく、しっかりとどこがいけないのかを提示して、具体的な解決策や方法を示してあげましょう。そうすることが、部下のエンゲージメントに繋がっていきます。

しかし、この時にリーダーが「自分がこうだから」と言うのはNGです。Chapter1でご紹介した「多重知能理論（MI）」と「VARKモデル」から部下の知能と学習方法を分析して、それらに適した方法をアドバイスしてあげましょう。

POINT

　部下が成功した時はもちろん、失敗した時にも、最初にポジティブ・フィードバックを行って頑張りを褒め、次にコンストラクティブ・フィードバックを行ってどこがいけないのかを提示し、具体的な解決策や方法を示す。これによって、部下は失敗しなくなり、次のステージへと進むことができる。

# 明確な目標を一緒に考える

**4**

## ━ 部下の目標はリーダーも一緒に考える

実際の仕事で部下がエンゲージするために必要となるものは、「**目標**」です。

どこに向かって走っているのかが分からなければ、全力疾走することはありません。たらたらと歩いてゴールを探すでしょう。

人は基本的には、「結果を残したい」「成功したい」と思っていますが、自分の力で成功できる人は必ずしも多いとは言えません。

エンゲージに必要なのは、その成功したいという気持ちを伸ばしてあげることにあります。

「失敗は成功のもと」という有名なことわざがあります。

しかし、失敗に耐える心を持つことは今の時代にはとても難しいことです。ですから今は、「**成功に勝るモチベーションを上げるものはない**」が重要になってきます。

成功するため必要なのは、目標の設定です。部下がしっかりと仕事をして、少し困っても達成できる目標を設定してあげることがリーダーとしてとても重要なのです。

部下を育てるには、仕事変革と能力アップに繋がるような**達成可能で挑戦的な高い目標設定**を与えなければなりません。

## ➡ 目標には具体的かつ結果を入れて設定する

目標設定には具体的で、しっかりとした結果を含めることが重要になります。

「売り上げを伸ばしましょう」というような抽象的な目標ではなく、「いつ」「どのように」「どのぐらい」など、具体的な内容をしっかりと示すことが必要です。

目標設定をする際、1981年にコンサルタントのジョージ・T・ドランが提唱した「SMART法」を使い、次の5つの条件を備えましょう。

| SMART法 |
|---|

1. Specific 　　具体的である
2. Measurable （結果が）測定可能である
3. Assignable 　役割の割り当てが可能である
4. Realistic 　　現実的である
5. Time-related 期限が明確である

「SMART法」は、上の5つの条件の頭文字を取ったものです。それでは、1つひとつの項目について、具体的に説明しましょう。

### 1. S：Specific

目標が具体的であることを求めます。ここで重要なことは、誰から見ても明確で、理解できるものであるということです。

例えば、「売り上げを伸ばす」という目標は具体性に欠けています。「売り上げを10％伸ばす」という目標も良いのですが、次のとおり具体的にするのがベストです。

「営業活動で新しいアプリを取り入れることにより、顧客を増やし、売り上げを10％伸ばす」

　このように、誰が見ても具体的な数字や行動が見えるようにします。


## 2. M：Measurable

　目標に対して、現在の到達度が評価できるものになっているかチェックします。目標を設定しても、その達成度や達成感を評価できなければ、意味がないからです。

　しっかり評価できるものや評価する方法を考えておく必要があります。


## 3. A：Assignable

　個人の目標は、個人で取り組むため簡単に設定できますが、会社やグループ、部署で目標を設定する場合、「誰が」「いつ」「何をする」などの各項目を明確にしなければ、目標達成は困難になります。

　そのため、グループで目標を設定する場合は、「Bさんが企画書をまとめる」のように、各部下の役割が分かるようにします。


## 4. R：Realistic

　目標は達成することが目的のため、ただ目標を設定するのではなく、現実的に考えて達成可能な目標を設定する必要があります。

　例えば、「会社の売り上げを1年で100倍にする」という目標は、かなり難しいでしょう。しかし、これが「1ヶ月で会社の売り上げを2倍にする」という目標だったとしたら、現状の問題点を洗い出し、方法を改善することで達成する可能性は高まります。

## 5. T：Time-Related

目標には、達成する期限を設定しましょう。「いつまでに達成しなければならない」という期限を設定することで、目標達成を現実化することができます。

SMART法の各項目ごとにそれぞれ具体的な内容を書き出すことで、曖昧な点が少なくなり、より明確な目標を立てることができるようになります。非常に高い目標であっても、実現可能性が低ければ、それは目標にはなりません。

細かいことかもしれませんが、部下のエンゲージメントを引き出すためには、明確な目標を立てて実現可能性を高める必要があるのです。

特に、助けが必要な部下や自信のない部下には、絶対に達成可能な目標を与え、達成感を味あわせます。何度か絶対に達成可能な目標を経験させてから、さらに高い目標に挑戦させましょう。

POINT

エンゲージメントは「成功体験」によって高められる。

リーダーは、部下の実現可能性を高めるために、具体的かつ明確に、部下にも理解できるものを目標として立てること。

## 5 自分の言動を 尊敬できるものにする

### 尊敬できるリーダーと尊敬できないリーダー

エンゲージメントが起こる環境で重要なのは、尊敬できる存在や心を許せる関係です。

私たちがブランドや会社に対してエンゲージする際、サービスや製品の性能の高さに惹かれることが多いでしょう。

しかし、そのブランドや会社が不祥事を起こしたり、自分の考え方に反する行動をした時、多くの人はそのブランドや会社から離れていってしまいます。

人間関係でのエンゲージも全く同じです。尊敬できる会社やリーダーとの関係の中では、エンゲージが自然と起こります。しかし、その逆も然りです。

私も今まで複数のリーダーと一緒に仕事をしてきましたが、尊敬できる人やそうでない人など、多種多様なリーダーが存在しました。

ここでは、私が一緒に働いていたリーダーの中から、正反対の2人の行動とエンゲージメントについてお話ししましょう。

1人目は、私が大学教授を始めた頃の学長（学長A）のお話です。

学長Aは、いつも学校内のすべてのイベントに参加していました。スポーツイベントやコンサート、学術発表会な

ど、どのイベントでも彼の姿を見ることができました。

　ある日、私が50人の学生を連れて、コンサートツアーに出掛けた時のことです。その日は、朝6時に出発する予定でした。すると、バスの横で学生に挨拶しながら学生たちの荷物をバスの下に詰めている学長Aがいたのです。

　学長Aが学生のために、肉体労働をしながら学生たちに笑顔で挨拶している光景を見て、私は「この人のためなら何でもできる」と思いました。

　つまり、大学や仕事に対するエンゲージメントが引き出されたのです。

次は、もう1人の学長（学長B）についてお話ししましょう。

　学長Bは、米軍の大佐を務めた経験がある方で、その指導力と実績から学校に雇われました。彼の仕事スタイルは軍と同じで、明確な指示を出し、仕事はすべて部下にやらせるという方法でした。会議を頻繁に行い、部下からの報告を受け、指示を出すということの繰り返し……。

　いつも明確な指示を出してくれているので、仕事はスムーズに進むのですが、学長B自身はゴルフばかりしていたり、学校のイベントにはほとんど参加せず、代わりに直属の部下を参加させていました。

　そのため、教授や学生からのサポートを得ることはできず、私も「この人のもとで働くのはつらい」と思っていたほどでした。

　さて、2人の対照的な学長ですが、いったいどちらが成功したでしょうか？

　学長Aは、教授や学生だけでなく、地域の方からも厚い信頼を得て、約10億円もの寄付金を集め、学生のための校舎を建

てました。そして、その実績がまたたく間に広まり、より大きな大学から学長としてヘッドハンティングされ、その大学の教授や学生たちに惜しまれつつ、去って行きました。

　一方、学長Bは、学校のブランドを伸ばすどころか、たった2年の勤務で首を切られてしまいました。

　学長Aと学長Bの話から分かるように、尊敬される行動を取るということは、部下のエンゲージメントを促すためにはとても重要です。

　リーダーは、「何をすれば部下が喜ぶだろうか」「どのような行動を取れば部下に尊敬されるだろうか」など、常日頃から客観的に自分の行動を見直す必要があります。

「自分の行動は学長Bかもしれない！」と危機感を持った方は、今すぐその行動を改めるように意識しましょう。

## ■ 信用なくして良好な人間関係は築けない

　おそらく、みなさんも経験があると思いますが、人は信用している人や尊敬している人の意見は、素直に聞き入れられる傾向があります。

　実際、人は尊敬している恩人や仕事・生き方に憧れている人、先生などからのアドバイスを求めています。時には、高い料金を払ってまで、他者からアドバイスをもらう人もいます。

　つまり、部下たちが、「この人は信用できる、一生懸命やろう」と思えるリーダーとなり、良好な人間関係を築くことが大切です。良好な人間関係がなければ、リーダーとしての仕事は何も始まりません。

　信用を築くのは一朝一夕にはできませんが、部下に信用してもらえるリーダーになるためには、自分の言動が尊敬できるか

どうか考える必要があります。

　部下との良好な人間関係を築くためには、まず次の2つのことを心掛けましょう。

1．部下とよく話をする
2．笑顔でいる

　それでは、それぞれについて具体的に説明しましょう。

## 1．部下とよく話をする

　Chapter2で「熟知性の法則」についてお話ししましたが、人は知らない相手に対し、攻撃的や批判的、冷淡になります。
　部下との人間関係を良くするためには、意識して部下とよく話をし、部下に自分のことを知ってもらうとともに、部下のことを知ることが大切です。

　また、会う頻度も重要です。人は何度も見たり、聞いたりしたものに対して親しみを感じる習性があります。例えば、何度も聞いている音楽を好きになっていくという経験は誰もがしているでしょう。
　つまり、部下と月に一度2時間会って話すのではなく、**1回5分間であっても毎日頻繁に話せば、人間関係は良いほうへ向かっていきます。**

　熟知性の法則にあるように、人は人間的側面を知った時、その相手に好意を持ちます。したがって、**リーダーは進んで自己開示して、公私ともに部下と知り合うことが、人間関係を良くするコツです。**

職場では、リーダーと部下の関係性が築かれていなければ、部下がリーダーに対して必要以上のことを話すのは難しいことです。

　リーダーが自発的に自己開示をすることにより、新しい会話の切り口を拓くことができます。
「週末、テニスをしていたから、肩が筋肉痛で痛いんだよ」「来年、娘が大学に進学するんだよ」「昨日、この番組が面白かったよ」など、リーダーは、日頃のちょっとした会話の中で自己開示していくと良いでしょう。

　ここで重要なことは、**しっかりと空気を読んで、部下の話を聞いてあげること**です。嫌なことは聞かない、言わない。


　特に、プライベートなことについて根掘り葉掘り聞かれるのは、誰しも良い気持ちはしないでしょう。プライベートなことは、常識の範囲内で会話を進めてください。
「部下とよく話をする」ということに関する目標は、部下との人間関係を良くして、部下からも自発的に自己開示してもらうことです。

　部下のことをしっかりと観察して、「机の上に家族の写真が飾られている」「キャラクターのグッズが飾ってある」など、部下の自己開示の兆しを見つけて、話の種にする方法もあります。
「部下のことを知りたい」という気持ちで向き合っていけば、自然と部下と何を話せば良いかが分かるようになるのです。


## 2.　笑顔でいる

　私の研修では、いつも次にように受講生へ質問します。

## 質問

ホテルのカウンターで、2人の従業員 (A さんと B さん) が接客しています。

A さんは真顔で、B さんは笑顔です。

チェックインするとしたら、あなたは A さんと B さん、どちらにお願いしますか？

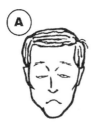

ほとんど100%の確率で、受講生は「B さん」と答えます。「B さんのほうが感じが良さそうだから」「A さんが怖そうだから」など、さまざまな理由が挙げられます。この質問から結論として言えることは、「人は笑顔に惹かれる習性がある」ということです。

科学的にも、人は笑顔や理想的な顔を見た時に眼窩前頭皮質（意思決定に重要な役割を果たす脳部位）が活発になるというデータが出ています。

ミシガン大学の心理学者ジェームズ・V・マコーネル博士は、次のように言っています。

"People who smile tend to manage, teach and sell more effectively, and to raise happier children. There's far more information in a smile than a frown. That's why encouragement is a much more effective teaching device than punishment."

### 訳

　笑顔でいる人は、マネジメントや教育、営業においてより上手くこなす傾向にあります。また、前向きで、明るい子どもを育てる傾向もあります。

　笑顔はしかめっ面よりも、遥かに多くの良い影響をもたらすことができるのです。

　つまり、「励ます」ことは、「罰する」ことよりも、ずっと大きな効果をもたらす教育方法なのです。

　部下は、常にリーダーの顔色をうかがっています。つまり、言葉よりもニコニコした顔や優しいまなざし（視線）、キビキビした動作などが、コミュニケーションの決め手になるわけです。しかめっ面は、職場全体を暗くし、部下のエンゲージメントを妨げます。

　マックコーネル教授が言うように、笑顔がとても良い効果をもたらすのは、経験上分かることでしょう。難しいのは、**いつも笑顔でいること**です。

　しかし、リーダーの雰囲気や表情は周りにいるすべての人々に影響することを意識してください。リーダーは、環境を作ることができる唯一のポジションです。笑顔が作り出す影響を心に刻んで、笑顔でいるように意識しましょう。

POINT

　リーダーのあり方が、部下のエンゲージメントを引き出すことにも、妨げることにもなる。

　自身の行動を常に客観的に確認し、リーダーとしてそぐわない行動は正すべきである。

# 演出家に徹する

**6**

## ● リーダーはヒーローではない

突然ですが、みなさんに質問です。指揮者とはどのようなイメージでしょうか？

・観客に背中を向けて立っている
・とても目立つ
・演奏者をコントロールしている

などのイメージを持たれるのではないでしょうか。

たしかに、これらのイメージは当たっていますが、上の2つはオーケストラの演奏自体がメインであるコンサートの場合に当てはまります。

オーケストラは、メインのコンサート以外にも、バレエやオペラ、ミュージカルなど、音楽が必要な舞台においてオーケストラ・ピット（オケピ）で演奏する仕事があります。

オケピとは、舞台と客席の間の客席よりも低い場所にあるスペースです。オケピで演奏する場合、舞台がメインになるため、指揮者はもちろんオーケストラはオケピ近くの客席以外からは全く見えません。

私はこのオケピでの指揮を最も楽しんでいました。今まで40回以上のオペラやミュージカルを担当しましたが、どれもとても記憶に残るものでした。

なぜなら、指揮者である私自身にはほとんどスポットライト

が当たらず、オペラやミュージカルの歌い手が歌いやすいように伴奏を準備したり、リハーサルで歌い手に効果的なセリフの言い回しや声色をアドバイスしたりして、裏方に回ることができたからです。

　リーダーは、「率先して人を引っ張っていく」「先頭に立って、みんなを引っ張る」などのイメージがあるため、目立つ役回りや目立ちたい人がなるというヒーロー的な印象が強くあります。しかし、本来はそうではありません。

　**リーダーはサポート役、言わば黒子のような存在**なのです。

## ● 部下の失敗はリーダーの責任　部下の成功はみんなで祝う

　先日見ていたテレビドラマでは、次のセリフが頻繁に出てきました。

「部下の手柄は上司のもの。上司の失敗は部下の責任」

　私は、とても悲しい気持ちになり、これでは部下がエンゲージできないと思いながら見ていました。

　またある日、日本人の方に「英語で部下は何と言いますか？」と聞かれました。しばらく考えましたが、私はその答えが分かりませんでした。ネットで調べてみると "Subordinate" と書かれていました。
　この単語は「部下」だけでなく、「下位の・下級の」などの意味を持つので、"Subordinate" と呼ばれて、人はあまり良い気持ちはしませんし、実際には使われていません。

アメリカの企業や学校、オーケストラにも役職はありますが、そのほとんどの場合、リーダーは部下を"Colleague"（仲間）と呼びます。なぜなら、みんな同じ仕事をするメンバーであって、リーダーは、ただそういうポジションに就いているだけだからです。

むしろ、リーダー1人では仕事ができないので、人が集まりチームになって協力しているとイメージしたほうが分かりやすいかもしれません。

リーダーは、そのポジション自体が目立つので、すでにヒーロー的存在です。そのため、改めて「自分はヒーローです」と証明することはないのです。

むしろ、**部下をヒーローにするためにはどうすれば良いかを考え、サポート役に徹して尽力しましょう。**

1人でできないことをチームで実現するからこそ、感動が起きるのです。

POINT

リーダーは、チームの演出家。

「部下の失敗はリーダーの責任、部下の成功はみんなで祝う」という考え方で、部下をヒーローにすることに尽力しよう。

# 7

# 「自分思考」から「相手思考」へ変換させる

▼

## ━ ジェネレーションギャップはあって然るべき

いつの時代もジェネレーションギャップという言葉をよく耳にします。「最近の若者は」というフレーズもよく聞きますし、「老害」という言葉もよく聞きます。

古い世代の人間と若い世代の人間の思考の違いから生まれる問題は、いつの時代にもあるものです。

2021年2月に起こった東京オリンピック・パラリンピック競技大会組織委員会の元会長である森喜朗氏の女性蔑視発言も、その1つだと私は思っています。私の父もそうですが、戦前に生まれた世代は、女性と男性を分けて考える思考になっていることが往々にしてあります。

男は仕事をして、家族を支え、必要になれば戦争に行く。学業もほとんどの場合、男女で別に行い、女性の大半は大学に行かないという、今では考えられないことが普通にあったのです。

そのため、そのような時代に生きていた人たちにとって、差別のない考え方で行動するのは難しいことでもあるのです。

正直、**私たちはジェネレーションの呪縛に乗っ取られています**。しかし、そんな中でも私たちはエンゲージする環境を生み出し、常に相手のジェネレーションの思考を理解する必要があります。

## ● 固定観念は「自分思考」である

例えば、スマホを使いこなせていない世代の人々は、「若者はスマホばっかり使ってコミュニケーションがなっていないし、スマホに依存している」と言います。

しかし、実際のところスマホを使いこなしている世代の人々はスマホを使って素早いコミュニケーションを行い、ビジネスツールとして使いこなしており、多大な収入を得ている人もたくさんいます。

例えば、知り合いの若い女性は、本業の傍らオンラインのアプリで毎晩1時間の配信をしています。スマホのカメラを使い、毎晩アプリ上で話したり、歌ったり。彼女は決して有名ではないのですが、この配信で月に30万円以上の副収入を得ているのです。毎日1時間のため、時給に換算すると1万円以上になります。オンラインで自宅からスマホを使って話すため、設備コストが全くかからない最高のビジネスと言えるでしょう。

他にも、「若者は挨拶がなっていない」「コミュニケーションが取れていない」という意見は、「これが挨拶である」「これがコミュニケーションである」という固定観念からきています。

固定観念とは、他人の意見や状況などの変化に対応せず、凝り固まっている考えのこと、いわゆる**自分思考**です。私たちが思っている以上に、世の中は早く動いています。そのため、固定観念に囚われ、世の中の変化に対応していかなければ、自分の常識と自分よりも若い人たちの常識がかなり違ってきていると感じるでしょう。

固定観念があると部下のエンゲージメントを妨げてしまう、つまり次のように言うことができます。

Chapter 3

## 固定観念を持っていることはリーダーとして致命傷である

　これは、ますます社会がスピーディーに変化し、多様化していく中、リーダーが忘れてはいけないことです。
　リーダーとして、たくさんの人間を束ねていくためには、世代の違いを理解しましょう。固定観念や前例を捨てて、新しい方法や見せ方、仕事の方法をリーダーとして学ぶのです。

　特に成功した人は、自分の成功してきた方法や取り組んできた方法が正しいと思い、世の中の変化に対応するのが難しくなってしまいます。
　自分よりも若い世代との交流を深めて、その世代の考え方を理解することは、部下をエンゲージさせる環境を作る最大のヒントになるでしょう。

POINT

　ジェネレーションギャップはあって然るべき。
　リーダーは自身の中にある固定観念や前例を外し、世代の違いを理解し、新しい方法や見せ方、仕事の方法を学び続けることが大切。

部下のエンゲージメントを高める
クリティカル・シンキング

# クリティカル・シンキングが行動の質を高める

▼

## ● アメリカで重要視されている クリティカル・シンキング

部下のエンゲージメントを高める上で、欠かせないものに "Critical Thinking"（クリティカル・シンキング）があります。これは、アメリカのリベラルアーツ大学の教育で最も重要視されている考えです。

日本語に直訳すると「批判的思考」となり、ネガティブな印象を受けますが、"Critical" には「重要な」「絶対不可欠な」というポジティブな意味が含まれています。

このことを踏まえて "Critical Thinking" を詳しく言うと次のとおりです。

## さまざまな情報を知り、分析し、行動する考え方

Chapter 2において、エンゲージメントを掘り下げると、「共感して、自主的に行動する」という意味にたどり着くとお話ししました。つまり、エンゲージメントで重要になってくるのは、**行動**です。

人はエンゲージした時に、自分から「学びたい」「やりたい」という気持ちが起こり、自主的に行動するようになります。クリティカル・シンキングを活用すると、知り得た情報を分析し、行動を考えるので、**行動の"質"を高める**ことができます。

つまり、部下のエンゲージメントを高めたり、部下が自主的に質の高い行動をするためには、この「クリティカル・シンキ

ング」が最も重要なのです。

クリティカル・シンキングができれば、自分の考えを持ち、さまざまな情報をもとに、より良い行動を目指すことができます。

反対に、クリティカル・シンキングができなければ、間違った情報の発信や取り返しのつかない行動に繋がってしまう可能性があるのです。

さらに、クリティカル・シンキングができる・できないによって、同じ仕事をしても結果の質が変わります。もちろん、クリティカル・シンキングができる人のほうが、信頼できる質の高い結果を残してくれます。

さて、これは音楽でも同じことが言えます。音楽を演奏する演奏家（指揮者も含め）は、作曲家が作った楽譜を演奏することが仕事です。

演奏者が自分の好き勝手に音を作ることはなく、与えられた楽譜通りに演奏します。ところが、いざ演奏が始まると、同じ曲でも演奏者によって全く異なるのです。

それは、なぜでしょうか？

実は、作曲家が楽譜で表現できる情報は、40 〜 60 ％です。そのため、演奏者は自分の経験や知識を使って楽譜を分析した上で、演奏します。

ここで重要になるのが、**クリティカル・シンキング**です。

つまり、楽譜に書かれている 1 つひとつの音をどう演奏するかは、演奏者の経験や知識をもとに細かく考えて、決めているのです。そして、演奏者の技量によって、聴衆が感動する音楽を創り出していくのです。

クリティカル・シンキング（ここでは、特に音楽の演奏に必要な考える力）できる演奏者であればあるほど、聴衆がより感

動する演奏をすることができます。

　リーダーとしてクリティカル・シンキングができるようになるとともに、部下にもできるようになってもらうことで、リーダーへの信頼度や部下のエンゲージメントが高まります。
　そのために、まずはクリティカル・シンキングについて詳しくお話ししましょう。

## ━━ クリティカル・シンキングができれば 　　 正しい答えや行動を見つけられる

　"Critical Thinking" は、日本語で「さまざまな情報を知り、分析し、行動する考え方」とお伝えしましたが、そもそもアメリカではどういう意味を持っているのでしょうか？
　アメリカの財団 "The Foundation for Critical Thinking" は、こう書いています。

---

"Critical thinking is the intellectually disciplined process of actively and skillfully conceptualizing, applying, analyzing, synthesizing, and/or evaluating information gathered from, or generated by, observation, experience, reflection, reasoning, or communication, as a guide to belief and action."

### 訳

　クリティカル・シンキングとは、観察や経験、熟考、推論、またはコミュニケーションを通じて得た情報を概念化、応用、分析、総合、評価し、自分の信念や行動の指針として使う知的に訓練されたプロセスです。

---

かなり難しい文章になってしまいますが、簡単に言い直すと次のようなことです。

## 自分の考えや行動の指針となる情報を 事実と真実をもとにしっかり分析する力

例えば、広告に出ていたから信じる、人に言われたから信じるのではなく、自分で事実を調べてからしっかりと考え、自分なりの正しい答えを見つける力です。

他にも、2016年、ヒラリー・クリントンとドナルド・トランプで争ったアメリカ大統領選挙の際、ロシア疑惑が問題になりました。この問題の真実は、アメリカ国民のクリティカル・シンキングを試しました。選挙投票日寸前に、クリントン候補に対する偽情報がSNSで大々的に投稿されました。

クリティカル・シンキングができる人は、このタイミングで突拍子もない情報が出てくるのはおかしいと疑い、自分で事実を調べます。

しかし、多数のアメリカ人はこの情報を見た際、「こんな酷い候補者には投票しない」という結論に至ってしまいました。そのためもあってか、最終的にクリントン候補は圧倒的優勢と言われていたメディア予想を裏切り、負けてしまったのです。

クリティカル・シンキングは、企業が求めている「自分から行動する人材」(自発的行動)には不可欠なスキルです。

なぜなら、いくらやる気があっても正しい答えや行動を考え出す能力がなければ、間違った答えや行動を導き出してしまうからです。

これは、部下だけでなく、リーダーにも当てはまります。リーダーがクリティカル・シンキングできなければ、部下育成において情報を分析して正しい答えや行動を導けないため、KDD式や固定観念などに囚われた教え方になるでしょう。つまり、パーソンセンタードでの部下育成ができず、「自分目線」で教えてしまうのです。

　クリティカル・シンキングを身につけることで、行動の質を高めるとともに、自分の行動に責任を持てるようになります。

POINT

　「クリティカル・シンキング」ができる人とそうでない人では、同じ仕事をしても、結果の質が変わる。
　リーダーが「クリティカル・シンキング」を身につけるとともに、部下にも身につけさせることが重要。

# クリティカル・シンキングには6つのステージがある

## ● クリティカル・シンカーと6つのステージ

　誰もが「考える力」を持っており、最終的に**自分の考え**に基づいて行動します。

　「自分の考えを持っていない」と言う人や「私はいつも他の人からの指示で行動する」と言う人でも、「自分の考えに自信がない」という理由で、他人の指示に従うという判断を自分で考え行動しています。

　幼い子どもであっても、自分の経験や感情をもとに行動しています。つまり、**誰もが自分の経験をもとにクリティカル・シンキングをしている**のです。

　さらに、2020年、アメリカの心理学者リンダ・エルダー博士とリチャード・ポール博士は、クリティカル・シンキングのレベルによって、人を6つのステージに分けることができると発表しました。そして、各ステージにいる人のことを**クリティカル・シンカー**としました。

　彼らは、6つのステージがピラミッドのように分かれており、クリティカル・シンキングのレベルを上げることで、より高いステージのクリティカル・シンカーになることができると言っています。

　今、自分や部下のクリティカル・シンキングのレベルがどのステージにあるのか、またはどのステージを目指したいのかを考えるためにも、まずは6つのステージについてお話ししましょう。

137

# ━ Stage 1. アンリフレクティブ・シンカー

　アンリフレクティブ・シンカーは、思考やそれが自分の人生に与える影響について考えていません。そのため、先入観や偏見、間違った情報をそのまま受け入れ、意見を述べたり、物事を判断したりします。考えることをしないので、クリティカル・シンキングの力は全く成長しません。

　また、アンリフレクティブ・シンカーは自分の考えを自分で説明する能力がありません。

　そのため真実さや正確さ、論理性などの基準を自分の考えに適用することが難しく、自分の考えを省みることなく感情によって行動してしまいます。

# ━ Stage 2. チャレンジド・シンカー

　チャレンジド・シンカーは、自分の存在について考えることの重要性を認識しており、「自分に考える力がないことは、大きな問題である」と認識し始めます。

　この認識はクリティカル・シンキングのレベルを高めることにとても重要です。なぜなら、「**自分の問題を解決するためには、まず自分が問題を抱えていることに気づく必要がある**」からです。

　チャレンジド・シンカーは、「質の高い思考をするためには、"考える"ということについてを考える必要である」と理解し始め、自分の考える力には多くの問題があることに気づき、その問題を認めることができます。

　しかし、すべての問題を特定することはできません。そのため、Stage 2 に位置しているのです。

# クリティカル・シンカーのステージ

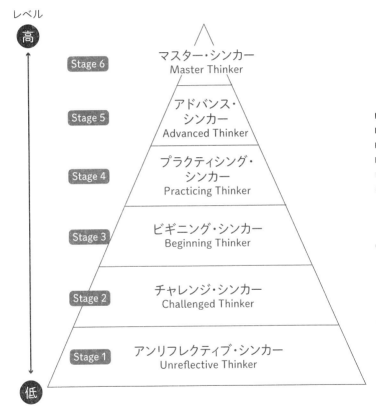

レベル

高

Stage 6 マスター・シンカー
Master Thinker

Stage 5 アドバンス・
シンカー
Advanced Thinker

Stage 4 プラクティシング・
シンカー
Practicing Thinker

Stage 3 ビギニング・シンカー
Beginning Thinker

Stage 2 チャレンジ・シンカー
Challenged Thinker

Stage 1 アンリフレクティブ・シンカー
Unreflective Thinker

低

チャレンジド・シンカーは、クリティカル・シンキングには仮定や推論、視点をコントロールすることが必要だと思っているでしょう。しかし、それはクリティカル・シンキングの入り口にすぎないのです。

　チャレンジド・シンカーは、「自分の考えが、実際よりも優れている」と信じているので、間違った考えに内在する問題を認識することが難しくなります。

　つまり、「自分の考えは合っている」「自分の考えが間違っているはずがない」などと思ってしまうのです。

## ■ Stage 3. ビギニング・シンカー

　ビギニング・シンカーになると、人生に影響を与える「自分の考える力」を積極的にコントロールし始めます。

　自分の考える力には、盲点や問題点があることを知り、それらに対処するための努力をします。しかし、まだまだ限られたクリティカル・シンキングのレベルにしか到達できないのです。

　ビギニング・シンカーは、「なぜ、そう思ったのか」などの「理由」を最も重視して、自分の考えや言葉を理解し始めます。

　また、自分の考えの背景にある固定観念や先入観、偏見に目を向け、それらが自分の判断に与える影響を理解することで、明確さや正確さ、論理性などを高めていきます。

## ■ Stage 4. プラクティシング・シンカー

　プラクティシング・シンカーは、「自分の考える力」の弱みや欠点を把握し、それらを対処する技術を持っています。彼らは、物事を考えるためにより良い思考習慣を身につけ、自分の思考プロセスを常に分析します。

そのため、彼らは「自分の考える力」における強みと弱みを
しっかりと理解し、対応することができるのです。しかし、自
分の考えを体系的に洞察する力がまだ劣っているため、自分の
エゴや自分勝手な理由によって判断を惑わされる可能性があり
ます。

　Stage 4 からStage 5 に行くためには、どんな状況に置かれ
ても真実や洞察力を使って考えることができる力である
"Intellectual Perseverance"（知的忍耐力）を身につけることが必
要です。

## ● Stage 5. アドバンスド・シンカー

　アドバンスド・シンカーは、人生のさまざまな状況下で、自
分の考えを分析する習慣を身につけています。彼らは、自分や
他人の固定観念や先入観、偏見などを見破ることができ、公平
に考えることができます。

　しかし、物事を考える上である程度自分のエゴをコントロー
ルできていますが、完全にはエゴの影響から逃れることはでき
ません。

## ● Stage 6. マスター・シンカー

　マスター・シンカーは、自分で情報を処理し、判断する方法
を完全にコントロールしています。彼らは、常に自分の考える
力を伸ばす努力をしており、経験を通して「定期的に自分の考
える力を意識レベルにまで高める」ことができます。

　マスター・シンカーは、自分の考える力に対して鋭い洞察力
を持ち、自分のエゴをコントロールして、常に公平な答えを見
つけることができます。

　また、実用的な知識を持ち、洞察力にも優れており、自分の

Chapter 4

考えにおける前提条件に弱点がないか、論理的に正しいか、固定観念や先入観、偏りがないかを常に考えています。

さらに、自分の考えが批判されても、怒りの感情を出さずに、時間をかけて自分の考えを分析することができます。

つまり、マスター・シンカーは、最高峰の思考をする人と言えるのです。

## リーダーと部下が目指すべきステージ

各ステージの説明により、クリティカル・シンカーのステージが上がるにつれ、「自分の考える力」に対して、強みや弱みを認識し、洞察力を使って分析することができるようになることがお分かりいただけたと思います。

ご紹介したクリティカル・シンカーの6つのステージをグループにまとめると、次のようになります。

---

Stage 1・Stage 2
　物事を考えていない人や考えているつもりの人に当てはまる。さらに、「自分の考えは合っている」「自分は間違えていない」などと、自分の考えを省みることができない。

Stage 3
　考えることの大切さを認識し、自分の考えが間違っていないかを分析するが、その分析能力が未熟である。

Stage 4・Stage 5
「自分の考える力」の強みや弱みを把握し、自分の考えが間違っていないか分析できる。しかし、時に自分のエゴに囚われ、判断を誤る。

---

　リーダーは、洞察力を持って「自分の考える力」を分析し、エゴをコントロールする力が求められます。そのため、Stage 4 または Stage 5 を目指すのが良いでしょう。

　一方、部下は「自分の考えが間違っているかもしれない」と認識できる Stage 3 になるように、教育することが大切です。

　リーダーが Stage 4 や Stage 5 になるためには、どうすれば良いのでしょうか？

　次ページから、クリティカル・シンキングのレベルを上げる方法についてお話ししますので、ぜひ取り組んでみてください。

Chapter 4

POINT

　クリティカル・シンキングは、鍛えることでどんどん磨かれていく。

　リーダー自らが率先して高いステージのクリティカル・シンカーになることで、チームは変わる。

## リーダーはレベルの高い クリティカル・シンカーとなる

**3**

### ━ 3つの力を鍛えて クリティカル・シンキングのレベルを上げる

Stage 4やStage 5になるには、クリティカル・シンキングのレベルを上げる必要があります。このレベルを上げるには、次の3つの"力"を鍛えることが大切です。

┏━ **クリティカル・シンキングのレベルを上げる3つの力**

1. 自分の答えを見つける力
2. 自分の考えを論理的に分析する力
3. 多様性を理解し、求める力

それでは、それぞれの力について詳しく説明しましょう。

### ━ 1. 自分の答えを見つける力

私たちは学校教育において、「答え」を見つけることを学んできました。

日本人は、高得点を目指すためには必ずある答えを見つけるという習慣が身についています。

しかし、「これだ！」という答えがないものはどうでしょうか？

例えば、「安楽死に賛成ですか？　反対ですか？」に対する答えです。

おそらく、多くの方が「安楽死はダメだ。命を大切にしろ」と思うでしょう。

　これは教育環境や世論から植えつけられた考えから生まれた答えであり、あなた自身の答えではありません。

　実際、安楽死を容認している国や地域も世界中には多数あります。

　つまり、**私たちの常識は必ずしも正しくない**のです。そのため、クリティカル・シンキングで考える力を発達させるためには、次のことが重要です。

## 常識に対しての「反論・質問」を常に持つこと

　自分や世間の常識に対して、正しいことは「なぜ正しい？」、いけないことは「なぜいけない？」と、**常に"WHY?"を考える**ことで、**自分自身の思考が発達**します。

## ● 2. 自分の考えを論理的に分析する力

　Chapter 2でお話ししたように、人は感情の生き物なので、多くの場合、感情で物事を決め、行動します。

　私も自分の信念や気持ちを前面に出して行動したことが何度もあります。その中には、成功もありましたが、とんでもない失敗も多数ありました。

　論理的に考える上で必要なことは、「データ」と「真実」です。正しいデータを探し、そのデータの信憑性をしっかりと考え、その情報をもとに自分なりの考え（真実）を生み出すのです。

　そのため、何が正しいデータなのかを判断する能力は、クリティカル・シンキングを語る上で、とても重要です。

誰でも簡単に情報を発信できる世の中において、正しい情報を見つけるのは安易なことではありません。

　ウェブサイトに書いてある情報も間違いが多く、信頼性のない情報は多数存在します。

　クリティカル・シンキングのレベルを高めるには、その情報を見極め、正しい方向性や次のステップを論理的に判断する力が必要になります。

## ━━ 3. 多様性を理解し、求める力

　人は自分の生まれ育った環境に影響される傾向があります。自分が家族や学校から教えられてきた思考や真実、環境を変えることは容易なことではありません。ある意味、私たちは生まれた環境の奴隷です。

　しかし、世の中は変化に合わせ多様性を意識する時代になりました。今まで以上に高いレベルのクリティカル・シンキングが求められるようになったのです。

　クリティカル・シンキングのレベルが低い人は、自分の間違いや自分にとって否定的な意見などを受け入れることができないため、多様性を理解することができません。

　私はラッキーなことにアメリカという他文化で長年生活するチャンスをもらいました。アメリカは多数の人種や信仰、生活習慣などが入り混じったユニークな環境にあります。

　そのため、必然的に人種差別問題などが頻繁に問題となり、世界ニュースの一面を飾っています。日本や他の国から見ると、「いろいろと問題が多くて、嫌な国だなあ」という印象を受けるかもしれません。しかし、実際アメリカで生活してみると、

差別や偏見から守る法律は世界中のどこよりも前向きに進んでいます。それ以上に、国民のこれらの問題に対する思考も世界のどの国よりも前向きに発達しています。

　レベルの高いステージにいるクリティカル・シンカーは、大きな世界観を持って真実を追求します。自分という狭い世界観から出て、日本や世界中にいるさまざまな人々の考え方をしっかりと理解し、答えを追及することは、クリティカル・シンキングを学ぶ上で最も重要です。

　リーダーが「主体性」を持った人材を育てるためには、高いレベルのクリティカル・シンキングが必要不可欠だということが分かってもらえましたか？
　部下のクリティカル・シンキングのレベルを高めるための環境を作ることは、リーダーにとってとても重要な仕事です。
　まずは、リーダーが常に、自身のクリティカル・シンキングのレベルを高めて成長していくことが求められています。

POINT

　世の中は、多様性の時代へと変化している。これは、ビジネスの世界も同じである。
　レベルの高いクリティカル・シンキングを使って、答えを導くことが必要不可欠。

# 部下をレベルの高い クリティカル・シンカーにする

**4**

## ⬤ 部下のクリティカル・シンキングを鍛えるのも リーダーの役目

ここまで、クリティカル・シンキングのレベルを高める大切さや方法をお話ししてきました。リーダー自身が高いレベルのクリティカル・シンカーになることはもちろん、部下を高いレベルのクリティカル・シンカーに育てるのも重要になります。

つまり、**部下のクリティカル・シンキングを鍛えるのは、リーダーの役目**なのです。

実際に私が部下のクリティカル・シンキングを鍛えるためにさまざまな方法を試した中で、特に効果が高かった5つの方法をお伝えしましょう。

### 部下のクリティカル・シンキングを鍛える5つの方法

1. 常に "WHY" で情報のエビデンスを求める
2. Devil's Advocate になる
3. 失敗の中から成功を探す
4. 奨励する
5. 質問させる

これらの方法について、1つずつ説明しましょう。

# ⬛ 1. 常に"WHY"で情報のエビデンスを求める

世界は情報で溢れています。自分の探している情報や方法、商品など、何でもインターネットで検索して得ることができます。

今までは専門家に頼まなければできなかったことも、YouTubeなどの動画サイトを使って誰もが無料で学び、実行することもできます。

昔はお金を出して買っていた楽曲も、月額料金を支払えばサブスクリプションというかたちで、いつでも聞くことができるようになりました。

今や「困った時の神頼み」ではなく、「困った時のインターネット」と言っていいでしょう。

先日、私の友人が「箱田さん、知っていますか？ 新型コロナは世界の支配者の陰謀なんです」と言ってきました。私が「なぜ、そう思うの？」と聞くと、「インターネットにすべて書いてあります」と言っていました。

さて、「新型コロナが世界の支配者の陰謀である」という事実はどこにあるのでしょうか？

他にも私が長年教授を務めてきた中で、「インターネットに書いてあった」という理由で、インターネット上に書かれている情報をエビデンスとして使った論文を書いていた学生が大勢いました。

たしかに、インターネット上には便利な情報が多く掲載されています。専門家以上の洞察力を持った意見や世界の論文・研究にもアクセスすることができます。

しかし、それ以上に間違った情報や改ざんされたデータが存在しているのも事実です。

リーダーは、常に部下に正しい情報を要求することで、部下のクリティカル・シンキングのレベルを鍛えてあげることができます。

　部下に情報を求める際は、"WHY" で質問して、エビデンスを求めましょう。


## 🔲 2.Devil's Advocate になる

　"Devil's Advocate" という言葉を聞いたことはあるでしょうか？

　これは、日本語に訳すと「悪魔の代弁者」となります。

「なんで悪魔がここに出てくるの？」と思うかもしれませんが、英語で頻繁に使われる比喩表現です。

　"Devil's Advocate" は、ビジネス関係や会社内の議論で「(議論のために) あえて批判、反論を言う人」を指します。


　私は以前、大学の学部長として新しい教授のポジションを新設してもらうためのプレゼンテーションを行った際、質疑応答で1人の上司がこう言いました。


「私はあえて "Devil's Advocate"（悪魔の代弁者）になって質問しますが、箱田さんへの他の部署からの（君の部署にだけ新しいポジションを与えることに対する）批判やヤキモチによって学校の調和が乱れてしまいます。その場合、あなたはどう対応するつもりですか？」


　私は自分の部署だけのことを考えていたので、他人のことにまで全く気が回っていませんでした。この上司は私のプレゼンした内容に賛成でしたが、"Devil's Advocate" になってあえて反論意見を言うことで私にもっと考える必要性を教えてくれ

たのです。

　このように、リーダーがあえて反対意見や他の方法を提示してあげることで、部下の考え方を再検討させ、より良いアイデアや行動、選択肢に導いてあげることができます。

## ━━ 3. 失敗の中から成功を探す

　成功体験の重要性については、Chapter 1 でお話ししました。リーダーの仕事は、部下を成功に導いてあげることです。

　しかし、どんなに頑張っても、仕事や人生において成功できないことはたくさんあります。

　仕事で目標を達成できなかったことなどは、一般的に失敗と呼ばれます。しかし、リーダーとして重要なことは、**「失敗」とされる結果や出来事を分析し、その中から成功を探すことです。**

　以前、「1 年間で 24 人の新しい学生を集める」という目標が上から降りてきたため、部下に個別の目標を設定しました。

　部下 A には、8 人という目標を与えました。彼は目標を達成すべく一生懸命対応しましたが、結局 6 人しか集めることができませんでした。

　つまり、目標未達成（失敗）であり、そのことは彼自身も分かっていました。

　この時、リーダーである私は彼の失敗を追及するよりも、6 人の学生を集められたことを祝いました。

　また、私は彼に対してもう 1 つ祝福しました。それは、彼が集めた 6 人の学生の学力の高さです。彼らの（テストスコア上での）学力は、大学の平均値の 1.5 倍ありました。こんなにも学力の高い学生を集めることは、大変難しい。だから祝ったのです。

その後、「どのようにしてこのような優秀な学生を集めることができたのか」を一緒に分析し、話し合いました。そして、来年に向けて「どうすれば学生を8人も集めることができるか」を決めていったのです。

　その結果、翌年、部下Aはしっかりと8人の学生を集めることができました。

　このように、リーダーは「失敗」を「失敗」と見ずに、上手くいった理由を考えることで、部下のクリティカル・シンキングを鍛えることができるのです。

## ━ 4. 奨励する

「怒り」と「考える力」は比例しています。137ページでご紹介したクリティカル・シンカーの6つのステージからも分かるように、低いステージの人は感情に動かされる傾向があります。
　一方、高いステージの人は感情をコントロールすることができ、反対意見や行動に対して自分の感情を抑え、対応することができます。

　リーダーは、自分のステージがどこであるとしても、「怒り」をさらけ出すのはやめましょう。なぜなら、怒りの感情を表出することは、自分のエゴや主張を前面に出す行動であり、部下のクリティカル・シンキングの成長の妨げになるからです。

　私がまだ新任教授だった頃、何人かの学生が簡単な宿題をやってきませんでした。若かった私は、自分が新任だから馬鹿にされていると思い、感情に任せて思わず学生に怒鳴ってしまったのです。すると学生たちは、反省するどころか怒ってし

まい、私の上司に訴え、大きな問題となってしまいました。

　もし、私が感情的に怒ることなく学生が宿題をやってこなかったことに対して、しっかりと分析し、「なぜ、この宿題を出したのか」「なぜ、この宿題をする必要があるのか」などを学生に説明できていれば、学生にとって素晴らしい学習機会になっていたでしょう。

　怒りは怒りを誘います。リーダーは、**自分の怒りをコントロールしなければならない**のです。

## ━ 5. 質問させる

　アメリカの有名なことわざに、次のものがあります。

## There is no such thing as a stupid question.
　　　　　　　　馬鹿な質問は存在しない。

　これは、「分からなかったら、黙っているよりも質問しましょう」という意味です。正しい知識や情報を得る重要性を伝えています。

　もう1つ、よく使われる俗語的なことわざがあります。

## ASS-U-ME
When you assume, you make an ASS out of U and ME.
あなたの思い込みは、あなたと私を馬鹿者にする。

　このことわざは、「噂話を信じたり、勝手に思い込んだりすることは、みんなと私を馬鹿者にする。だから、真実をちゃんと知りましょう」という教訓を表したものです。

この２つの有名なことわざから学べることは、次の２点です。

「真実を求めること」

「真実を求めるためには、分からないことはどんどん質問すること」

　クリティカル・シンキングを鍛えるためには、分からないことはどんどん調べ、質問することが重要であり、部下が質問できる環境をリーダーが作ってあげる必要性があります。

POINT

　情報過多のこの時代、正しい情報をバランスよく収集することが難しくなっている。

　真実を知り、物事を正しく見極められるよう、リーダーはクリティカル・シンキングの重要性を部下に伝える責務がある。

# 5

Chapter

部下のエンゲージメントを
引き出す評価方法

# 部下の成功は
# 評価によって作られる

**1**

▼

## ■ エンゲージと成功は隣り合わせ

「成功に勝るモチベーション」はありません。エンゲージメントの基礎は、感情を「やりたい」に変換することです。

部下の感情を上手く変換させるには、**成功体験**が一番効果的です。これは、長年、私が指導してきた経験から自信を持って言えます。

2004 年、私はとても小さな倒産寸前のオーケストラの音楽監督に任命されました。演奏者（メンバー）はボランティアの集まりでレベルも低く、コンサートに集まる観客は毎回 200 人程度、州からもらう補助金でなんとか切り詰めて活動している状態でした。

クラシック音楽は、演奏者が心を込めて演奏しなくては、観客の心に響きません。しかし、メンバーのモラルも低く、「これでは観客が集まらないのも仕方ないな」と納得したものです。

この状態を脱却するには、演奏者にエンゲージしてもらうことが必須です。それには、小さな成功を重ね、メンバーに味わってもらうことが重要だと考えた私は、次の2つことを念頭にオーケストラを運営することにしました。

1つは、音楽をあまり知らない人々を惹きつける面白いプログラムでコンサートをすることでした。

例えば、サーカスとコラボレーションしたり、映像を使った

りなど、とにかく楽しいコンサートプログラムを考え、実行していきました。

　もう1つは、観客に感動を与えるために、メンバーの演奏レベルに合った楽曲をセレクトし、感情を込めて上手に演奏できるようにすることでした。メンバーの演奏レベルに見合っていなければ、演奏するだけでいっぱいいっぱいになってしまい、感情を込めた演奏までたどり着けないからです。

　簡単な曲であれば、余裕を持って演奏に取り組むことができるため、上手に感情豊かに演奏でき、観客に感動を与えることができます。つまり、演奏のクオリティを高めることに注力したのです。

　この2つをコツコツとやり続けたことにより、数年後には、コンサートに毎回1,000人以上の観客が集まり、毎年5,000人以上の観客が集まる野外コンサートが開催できるようになりました。それを受けて、州から出る活動費も5倍に増え、私が赴任してから10年が経つ頃には、演奏レベルが州でトップクラスになりました。メンバーの士気も高まり、倒産寸前だったオーケストラとは思えないほどの活躍ぶりです

　オーケストラのこの変貌は、メンバーのエンゲージメントの高まりの結果です。

　小さな成功を重ねていったことで、彼らのエンゲージメントが引き出され、さらに成長に繋がっていったというわけです。

　成功体験が、いかにエンゲージメントに良い影響を与えるのか、お分かりいただけたのではないでしょうか。

## ━━ 部下ができないのは「成功」の認識が異なるから

次の図は、「成功」に対する部下の気持ち、リーダーの立場やあり方を表したものです。

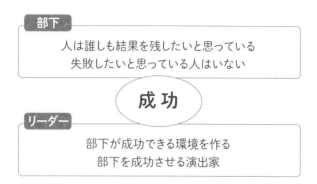

部下
人は誰しも結果を残したいと思っている
失敗したいと思っている人はいない

成功

リーダー
部下が成功できる環境を作る
部下を成功させる演出家

部下にとって「成功」とは、業種や仕事内容によってさまざまですが、新たな顧客を掴んだり、新しい製品のアイデアが採用されたり、自分が関わった商品が売れたりした時のことを指します。自分に与えられた目標を達成できたり、出世したり、給料が上がったりといった時も「成功」と言えるでしょう。

しかしこれは、あくまで一例です。部下はそれぞれ違う人間です。「成功」に対する考え方も違います。

実は、リーダーによっても、「成功」に対する考え方は違います。

私は約22年間、5人の上司と一緒に仕事をしてきました。同じ職場で、同じ仕事を、同じようにやっていたのですが、受けてきた評価は、上司によってことごとく違いました。

上司Aは、私をとても高く評価してくれました。おかげで出世も早く、彼が他校に転職した際も、私を何度も誘ってくれ

ました。

上司Bは、私を全く評価してくれませんでした。私を解雇して他の人を雇おうとしたほどです。

上司Cは、私がすることに全く興味を持たず、放ったらかし。

上司Dは好意的な評価、上司Eは厳しい評価と、全く異なる評価をされました。

どうして、同じ仕事を、同じようにやっていたのに、こんなことになってしまったのでしょうか？

それは、上司によって評価の基準が全く違っていたためです。

例えば、私を高く評価してくれた上司AやDは音楽が好きだったので、事務的な作業や行為（Quantitative）だけでなく、私が作り出す音楽など（Qualitative）も評価に反映してくれていました。

一方、私を評価していなかった上司BやC、Eは音楽に興味がなく、事務的な作業や行為（Quantitative）のみで評価していたのです。

つまり、**部下（である私）が成功できないのは、部下が仕事を「できないから」ではない**ということです。

しかし、部下である私はそんなことは知りません。上司の評価に振り回され、「いったいどうすれば、正解なのか、成功になるのか」が分からず、混乱したこともしばしば……。

## ━━ 「成功」の認識を統一するのが「評価基準」

部下もリーダーも人間ですから、抱く感情も、好みも、物事に対する価値観もそれぞれ異なります。

しかし、すべての部下のエンゲージメントを高めるには、個人の感情や価値観に基づいた評価をして、部下を振り回すわけにはいきません。

「あの人は部長に気に入られていたから出世した」「彼女は課長のお気に入りだから重宝されている」などといった言葉を耳にしたことがあるのではないでしょうか？

実際はそんなことがないのに、出世やボーナス、称賛には、このようなネガティブなコメントが必ずと言ってもいいほどついて回るのが世の常。

「なぜ、出世したのか」がはっきり分からないために、勝手にネガティブな理由をつけてしまう人がいるからです。しかし、その人たちが悪いわけではありません。

こうしたネガティブなコメントがついて回る最大の理由は、アセスメント（評価方法）がしっかりと示されていないから。「なぜ、出世したのか」、その理由が曖昧であるために、自分を納得させる理由をつけてしまうのです。

リーダーは、出世した理由、つまり**「評価基準」をみんなが分かるように具体的に提示する**必要があります。

そうすることで、部下は目指すべき「成功」が分かりますし、ネガティブなコメントの発生も、それに伴う混乱やトラブルを抑えることもできます。

評価基準を満たすことが、職場での「成功」とするわけです。

それには、**具体的で明確な評価基準の作成が必要**です。

次の項目から、部下のエンゲージメントを引き出す評価方法と基準の設定の仕方についてお話しします。

POINT

部下にとっての「成功」と、リーダーにとっての「成功」は違う。
リーダーの考えを部下に理解してもらうことが必要。

# リーダーが行うべき 2つの評価

**2**

## ━ 2種類のアセスメント（評価方法）

　評価方法は、大きく2つの種類に分けられます。それは、"Quantitative Assessment"（定量的評価）と"Qualitative Assessment"（定性的評価）です。

　定量的評価は、数値を使って表すことのできる行動や実験、具体的な答えがある問題を評価する方法です。
　例えば、次のようなことが挙げられます。
「営業で顧客を50社増やすことができた」
「ひと月の売り上げが30万円増えた」
「生産性を10％上げた」など
　日本では、主に定量的評価の方法を中心に教育されています。そのため、このように具体的な答えがあることのみを評価に使う傾向があります。
　つまり、定量的評価は、誰にでも分かりやすく、透明性のある評価方法なので、使いやすいというメリットがあります。
　しかしその一方で、数値で測れないものを評価できないという限界があります。

　定性的評価は、人々の行動や感情、選択に対する理由やパターンを評価する方法です。
　例えば、勤務態度や接客態度、音楽の演奏などを評価する時に使われます。
　数値化などの誰にでも分かりやすい定量的評価と比べて、定

性的評価は評価する人によって評価や基準が変化してしまうため、評価の公平性について疑問が挙げられるという面もあります。

　そのため、評価の方法をしっかり設定することにより、透明性と公平性を示すことが重要です。

## ━ 成功の定義を評価方法で示す

　リーダーは、部下に対して評価方法を明確にする必要があります。そうすることにより、すべての部下が何を、どうすれば「成功」できるのかをしっかりと理解し、それを目指して行動することができるからです。
「彼は当たり前のことができていない」と言う前に、「当たり前を明確に定義すること」が重要になってきます。

　リーダーが評価方法を考える前にすべきことは、**各部下の目標をしっかり決める**ことです。「この仕事に就いた者は何をするのか」「どのようなスキルが部下にとって必要なのか」「具体的な結果は何なのか」などを部下と一緒に考え、各部下に適した目標を設定します。

　例えば、「新規顧客を増やす」という目標があったとします。まずは、この目標をより具体的な目標にします。そのために、Chapter 3でご紹介した **SMART 法**を使って次のような表を作ります。

## 「新規顧客を増やす」を具体化する

| | |
|---|---|
| S<br>Specific | 新規顧客を5%獲得する |
| M<br>Measurable | 現存の顧客は300社なので、<br>新たに15社と契約する |
| A<br>Assignable | 新製品営業担当のBさんが中心に動く |
| R<br>Realistic | 6ヶ月で新規顧客を15社獲得するのは、<br>今までのペースから考えて可能である |
| T<br>Time-related | 6ヶ月 |

　このように、具体的な目標を作成したら、次に２つの評価について考えます。

## 数値化可能な目標は「定量的評価」を行う

　目標を設定したら、評価を設定します。
　部下のエンゲージメントを促すリーダーとして、ここの評価設定が重要になります。

　具体的な数値化を行った目標については、**定量的評価**を使います。
　前述した「新規顧客を増やす」という目標の場合、具体的な数値は「新規顧客を15社、6ヶ月で獲得する」です。

　目標は、評価と直結させます。目標を達成するということは、

ノルマを達成することです。

「新規顧客を増やす」という目標の場合、「新規顧客を15社、6ヶ月で獲得する」ことが、ノルマや基準となります。

　定量的評価は、目標を「達成ポイント」という基準で表し、**目標（基準値）が真ん中のレベル**になるように設定するというものです。日本の評価制度では、目標が最大値のレベルになっていることが多く、ここが大きな違いであると言えます。

　例えば、「新規顧客を増やす」という目標の達成ポイントを5段階にした場合、目標（基準値）は"5"ではなく、下の図のように"3"になります。

| 目標 | 低い | | | | 高い |
|---|---|---|---|---|---|
| 達成ポイント | 1 | 2 | 3 | 4 | 5 |
| 新規顧客 | 5社 | 10社 | 15社 | 20社 | 25社 |
| | | | 基準値 | | |

　目標達成を基準値とすることにより、**「良い行動とは何なのか」「改善が必要な行動は何なのか」**をリーダーが部下に明確に示すことができます。部下に明確な基準値を示すことで、部下が自ら「基準値はクリアしよう」「基準値よりも高く目標設定をしよう」など、達成ポイントに基づいて目標を設定しやすくなります。

　さらに定量的評価では、基準値を真ん中のレベルに設定しているため、基準値をクリアした部下はもちろん、基準値以上の新規顧客を獲得した部下にも、公平な評価をすることができ、部下のエンゲージメントを高められるのです。

## ━━ 数値化できない目標は「定性的評価」を行う

　では、実際に数字で表すことのできない行動や態度（例えば、勤務習慣・態度や接客での行動など）は、どのようにして評価したら良いのでしょうか？

　私の経験から、これらの評価は主に「評価している人」の価値観や経験など、個人的な要素が影響を与えてしまっていると言えます。

　私が教員を始めた25年前は、アメリカの評価もグレー部分が非常に多く、数値で測れない行動や態度は「評価している人間」の価値観のみで判断されるケースが多くありました。

　ある時、抜群に歌が上手い学生がコンテストに参加することになり、私は難しいオペラの曲を教え、送り出しました。

　本番では音程や表現力など、すべてが完璧でみんなが感動するパフォーマンスでしたが、結果は残念なものでした。審査員が「この歌は高校生が歌うものではない」という審査員独自の価値観を前面に出し、その学生を失格にしてしまったのです。

　コンテストは、学生のパフォーマンスを評価するべき場であり、選曲は評価の対象にはなりません。それにもかかわらず、審査員が「高校生≠オペラ」という自分の価値観を基準にして、選曲で評価してしまったのです。

　このような定性的評価の方法は音楽界のみならず、さまざまな学問で問題になりました。

　そこで過去15年間、アメリカの教育界では、「どうすれば定性的評価をより公平にできるだろうか？」という問題の解決を目指していきました。そこで採用された方法が、"Rubric"（ルーブリック評価表）でした。

Chapter 5

現在、アメリカの教育界では、数値化できないものの評価は、このルーブリック評価表を使った定性的評価がスタンダードになっています。実際に音楽コンクールにおける評価方法もルーブリック評価表を使ったものに変更され、前述したような問題はなくなっていきました。

　リーダーは、どうしても部下を数値化・見える化する必要があります。
　なぜなら、具体的な基準がなければ、部下を公平に評価することができないからです。数値化・見える化しにくいものに対し、具体的な基準を設けて公平な定性的評価を可能にしたのが、ルーブリック評価表なのです。
　ルーブリック評価表にはさまざまな種類がありますが、基本は以下の通りです。

　ルーブリック評価表とは、評価手段であり、**目標や結果に対するさまざまな基準と具体的なレベル（悪い〜良い、初心者〜マスターなど）に分けて表記したもの**です。
　数値化できなくても、評価基準を「具体的に表記する」ことが重要です。
　例えば、勤務習慣・態度を評価する場合、下記のように１つひとつの行動を決めます。

---

### 評価項目例

　1．時間管理
　2．挨拶
　3．社内でのコミュニーケーション

## ルーブリック評価表を使った具体的な評価基準例

| 評価基準＼評価項目 | 時間管理 | 挨　拶 | 社内でのコミュニケーション |
|---|---|---|---|
| 4 | ・時間管理をマスターしており、期限前に仕事が終わるように取り組んでいる<br>・勤務時間を理解し、100％時間通りに働いているため、勤務開始時間の数分前には待機できている | ・出社時と帰宅時、みんなに聞こえる大きさの声で挨拶できる<br>・社内規定を十分に理解し、お互いを尊重した言葉遣いで、自信を持って挨拶や会話ができる | ・コミュニケーション（メールや打ち合わせなど）を期限内に迅速に対応できる<br>・コミュニケーションに使われる言葉や表現が、適切かつ丁寧である |
| 3 | ・時間管理を理解して、期限通りに仕事をこなすことができる<br>・勤務時間を理解して、それを守ることができる | ・出社時と帰宅時に、みんなに聞こえる大きさの声で挨拶できる<br>・社内規定を理解し、お互いを尊重した言葉遣いで挨拶や会話ができる | ・コミュニケーション（メールや打ち合わせなど）の対応がまれに遅延する<br>・コミュニケーションに使われる言葉や表現が、まれに不適切である |
| 2 | ・時間管理を理解しつつも、まれに期限通りに仕事をこなすことができない<br>・勤務時間を守ることを重要視しているが、まれに遅刻する | ・出社時と帰宅時、挨拶できる<br>・社内規定を理解しているが、まれに言葉遣いが不適切で、挨拶や会話に影響する | ・コミュニケーション（メールや打ち合わせなど）の対応がまれに遅延する<br>・コミュニケーションに使われる言葉や表現が、まれに不適切である |
| 1 | ・時間管理を理解できておらず、頻繁に仕事の期限を守ることができない<br>・勤務時間にルーズで頻繁に遅刻するだけでなく、さまざまな言い訳をする | ・挨拶できない<br>・社内規定に従わず、乱暴で他人を傷つける言葉遣いや配慮に欠けた会話をする | ・コミュニケーション（メールや打ち合わせなど）の対応ができない<br>・コミュニケーションに使われる言葉や表現が、不適切である |

良 ↑

悪 ↓

Chapter 5

ルーブリック評価表を使う以前は、ここから先は評価する人の価値観によって独断で決められていました。しかし、それでは公平性に欠け、評価する人の価値観の違いにより変動し、不公平の問題を起こしてしまいます。

　そのため、ルーブリック評価表ではそれぞれの項目について167ページの表のように具体的な内容を表記します。

　このように、ルーブリック評価表を作成することで、数値化・見える化しにくい評価項目について、具体的な行動と評価基準を表記でき、公平な評価に繋がります。

　リーダーが部下をエンゲージさせるためには、公平な評価が重要になります。評価には、目標が必要なので、定量的評価と定性的評価を活用して、各部下に適した目標と評価方法を示すことが必要です。

# 教える準備の重要性

**3**

## きちんと教えるためには準備に時間がかかる

Chapter 1でお話ししましたが、教える方法は多種多様にあります。その方法を選ぶのは、教える側であるリーダーのみなさんです。自分が教えやすい方法を選ぶのではなく、部下が上手く学べる方法を選んでください。

リーダーは、「**自分ではなく部下を成功させるんだ！**」という気持ちになってください。

リーダーが部下に教える際の伝え方や話し方については、もうすでにさまざまな本やセミナーがあります。

「アイコンタクトをしましょう」「感情を込めて伝えましょう」など、講師や著者によってもさまざまなノウハウがすすめられています。

ここではあえて、話し方や見せ方などの物理的な方法ではなく、思考や構成を中心にお話しします。

「どうすれば部下に上手く情報を伝えることができるのか」「どうすれば部下にスキルを教えることができるのか」など、教育学の観点から一緒に考えていきましょう。

## 「目的」と「目標」を言語化する

部下育成する時に最初にしなければいけないことは、その「目的」と「目標」（期間・状態）を明確にし、目指すものを部

下に見せることです。

　目指すべきものが見えなければ、部下たちも迷ってしまいます。

　私たちは部下に何かを教える時、理論などはあまり考えず、自分の勘や努力、出たとこ勝負の KDD 式で我流に教えてしまっていることが往々にしてあります。

　また、前任の担当者の方法や会社の伝統など、前例に囚われている場合も多いでしょう。

　しかし、話し方や伝え方などの物理的な方法は、リーダーの特徴や個性が大きく影響するため、前任の担当者や有名な人の教育方法などのマネをしても、上手くいかない場合が多く、その方法を意識するあまり目的や目標は二の次になってしまうのです。

## 部下育成のためのプランを立てる

　教育において大切なのは、「部下が何をどう学ぶか」、つまりパーソンセンタードです。

　リーダーは「(部下が) 何を学ぶか」「(部下が) どう学ぶか」を明確な文章にして、部下全員に必要な知識やスキルを効果的に学んでもらいます。

　そこで、部下が学ぶことや方法を明確にするために、ユニットプランとレッスンプランという計画書を作成しましょう。

　ユニットプランとレッスンプランは、アメリカの教育界で長年使われている手法です。これらをビジネスにおける部下育成に取り入れることで、KDD 式ではできない「部下のエンゲージメントを引き出す教育」ができるようになるのです。

170

まず、「部下に何を教えるのか」「部下にとって必要なスキルは何か」を箇条書きにし、各項目のユニットプランを作成しましょう。ユニットプランは、部下育成における全体像を言語化するためのものです。

　次に、各ユニットプランに対応するレッスンプランを作成します。レッスンプランは、ユニットプランを個々のレッスンに分け、具体的に言語化したものです。

　つまり、ユニットプランで部下育成の全体像を掴むとともに、目的と評価を明確にし、部下がエンゲージして学べる方法を各レッスンプランとして作成するのです。

　各プランの作り方と活用方法については、次ページから説明します。


　ユニットプランとレッスンプランを作成しておくことで、一貫性のある部下育成の計画や内容になるため、目的と目標がブレなくなります。

　また、各プランを誰にでも分かるように作成しておくことで、リーダーが不在の時にも他の人が代わりに教えることができるようになります。

Chapter 5

POINT

部下をどう指導するかを決めるのは、リーダーでしかない。
準備を周到に行い、リーダー不在時でも一貫性のある部下育成ができるようにしておく。

# ユニットプランの
# 作り方と活用方法

**4**

## ━━ 部下育成の全体像を掴む

部下育成の計画を立てる際、まずは全体像を見ることが重要です。その全体像を明確な文章にした計画書が、**ユニットプラン**です。

ユニットプランを作成することで、「**部下育成の最終目標は何か？**」「**部下に学んでほしいスキルや知識は何か？**」など、リーダーの考えがまとまります。

さらに、部下が「**どのような知識・スキルを得ることができるのか**」を大まかに知ることができるようになります。

どんなにやる気があっても、目標がしっかりと見えなければ、目標を達成することはできません。

そのため、ユニットプランでは、以下の4項目を書き出します。

1. タイトル
2. 目標と学ぶ内容
3. 仕事・会社との関連性
4. 目標達成に必要なスキル・情報・時間

それでは、それぞれについてお話ししていきましょう。

## ◍ 4つの項目で部下の目標と学ぶ内容をまとめる

175ページにユニットプラン例を掲載しているので、そちらを参考にしながら説明します。

### 1．タイトル

ユニットプランのタイトルです。

ユニットプラン例の1．タイトル「新企画について～準備から販売まで～」のように、1つのフレーズとサブタイトルを使って、読むだけで分かるものにすると良いでしょう。

### 2．目標と学ぶ内容

具体的な目標と学ぶ内容を明記します。

**「何を学ぶのか？」「なぜ、それを学ばなければならないのか？」「それを学ぶことによって、何を達成することができるのか？」**など、期待できる効果や得られるスキル（目標）を具体的に書き出します。

例えば、目標を「新企画の準備の方法を学ぶ」としただけでは、「何を準備すれば良いのか」「新企画に関する何を学ぶのか」など、具体的な情報が全く見えません。

「企画書の作成・プレゼン・営業・販促のスキルを習得する」のように、具体的に書き出しましょう。

次に具体的なコンテンツである「学ぶ内容」を書き出します。この時、リーダーが部下に求める学びやスキルを**「○○を学ぶ」**と表現し、「部下が何を学ぶのか」「リーダーが何を教えるのか」の詳細が一目で分かるようにします。

ユニットプラン例のように、学ぶ内容を具体的に書き出すことで、ユニットプランを見た人は**「このユニットプランでは何**

を学べるのか」「どのようなスキルが得られるのか」が分かるようになるのです。

### 3．仕事・会社との関連性

　ユニットプラン例の2．目標と学ぶ内容が、どのように会社やこれからの仕事に影響するかを明確にします。

　リーダーは、「常に自分の行動を正当化する」必要があり、会社としての目標や企業理念との関連性を記載することで、「なぜ、これを学ぶ必要があるのか」が明確になり、リーダーの行動や教育内容を正当化できます。

　「学び」と「仕事」の関係を見える化することにより、学びに対する部下のエンゲージが生まれるでしょう。

### 4．目標達成に必要なスキル・情報・時間

　1〜3の項目を書き出したら、大まかなプランを立てます。ここではあまり細かく書かずに、ユニットプラン例のように「いくつの項目に分けて学ぶのか」「どのようなメソッドを使うか」などを書き出します。

　大まかなプランに対する具体的な方法は、次項で説明するレッスンプランで計画します。

　ユニットプランを作成して、部下育成のための全体像を掴むことで、「木を見て森を見ず」のように、部下育成全体の目的や目標などを見失うことがなくなるのです。

POINT

　　ユニットプランは、部下育成の全体像を具体的にしたもの。
　　リーダーとしてどのように指導すべきかが分かり、部下に道標を示すことができる。

# ユニットプラン例

## 1. タイトル

新企画について〜準備から販売まで〜

## 2. 目標と学ぶ内容

目標） ・企画が採用された場合の全体の流れを把握する
　　　　・企画書の作成やプレゼン、営業のスキルを習得する

### 1. 新企画通過後の全体像について
新企画の重要性を学んでもらう
企画書の作成から営業の方法まで、全体像を学んでもらう
### 2. 企画書の作成方法について
企画書の必要性を学んでもらう
企画書を作成する上で必要な項目を学んでもらう
### 3. プレゼン方法について
プレゼンの必要性を学んでもらう
プレゼンの全体の流れを学んでもらう
プレゼンに必要な資料について学んでもらう
### 4. 営業方法について
営業の重要性を学んでもらう
営業先について学んでもらう
営業の方法について学んでもらう

## 3. 仕事・会社との関連性

新企画を販売することで、世の中のニーズに合わせた製品を提供する
ことが可能になる
各部下のアイデアを取り入れることで

## 4. 目標達成に必要なスキル・情報・時間

8時間の研修を4日に分けて行う
概要の説明を少なくし、グループに分けて資料の作成やロールプレイ
ングなどの実践に時間を費やす
グループごとにフィードバックを行う

# 5

# レッスンプランの
# 作り方と活用方法

▼

## ━ 部下への教え方を具体的にする

続いて、レッスンプランを作成します。

レッスンプランとは、部下育成において部下が学ぶべきスキルや知識を明確にして、それらを学ぶための具体的な方法を書き出した計画書です。

リーダーは、ユニットプランに基づき部下に教えるすべてのことに対してレッスンプランを作成することが理想です。

レッスンプランでは、以下の5項目を具体的に書き出します。

1. タイトル
2. オブジェクティブ
3. ユニットプランとの関連性
4. アクションプラン
5. アセスメント

それでは、それぞれについてお話ししていきましょう。

## ━ 5つの項目で部下への教え方を一律にする

179ページにレッスンプラン例を掲載しているので、そちらを参考にしながら説明します(本書では一例のみを掲載していますが、本来はユニットプランの「2.目標と学ぶ内容」ごとに作成します)。

## 1．タイトル

　タイトルは、レッスンプランで学ぶことを簡単な文章で書きます。

　例えば、ユニットプラン例１．タイトルのように「新企画の準備から販売まで」の場合、レッスンプランのタイトルは「新企画通過後の全体像の説明」「企画書の作成方法」「プレゼン方法」「営業方法」などになります。

　このタイトルも一目で分かるように、シンプルにすると効果的です。

## 2．オブジェクティブ

　オブジェクティブは、「学びの成果」です。オブジェクティブでは、このレッスンにより**「何ができるようになるのか」「どのような方法やスキルを得られるのか」**について具体的なことを書きます。

　この時、「部下はこれを学んで、○○できる」「彼らがこれを学ぶことで○○できる」など、パーソンセンタードを意識して書くと、より具体的になります。

　具体的なポイントを書き出すことで、４．アクションプランのベースを作ることができます。

## 3．ユニットプランとの関連性

　前述したユニットプランと関連する２．目標と学ぶ内容をすべて書き出します。

## 4．アクションプラン

　アクションプランは、レッスンプランにおける要です。

　実際に取り組む行動や活動、所要時間、対応するオブジェクティブ（OJ）を書き出します。

　レッスンプラン例のように、教える順番通りに、できるだけ

細かい内容と使う機材やプリントなどもあれば、あわせて書き出してください。

　教えること以外にも、ジョークやゲーム、ウォーミングアップなども書き出しましょう。そうすることで、レッスンの雰囲気を作り出すことができます。


　特に重要なのは、すべてのアクションプランが、2．オブジェクティブと関連している点です。

　すべてのアクションプランには、「なぜそれをするのか」という理由が必ずあります。レッスンプラン例のように、5つの活動には（OJ1）（OJ2）などが記載されており、これは各アクションがどのオブジェクティブ（OJ）と関連しているかを示しています。

　このように、アクションプランと関連するオブジェクティブ（OJ）を明記することで、各アクションプランが「意味のある活動」であることが明確になり、学び漏れや抜けがなくなります。


## 5．アセスメント

　レッスンプランにおいて、部下が各オブジェクティブ（OJ）をしっかり学べたか評価する必要があります。

　レッスンプラン例で使っているのは、"Informal Assessment"（コメントや励ましによる評価）です。

　4．アクションプランの「5．まとめ」において、「この研修で学んだことを1つ言ってください」などの簡単な会話をすることで、復習したり、部下の学び具合を読み取ったりすることができます。

　このように簡単でも良いので、必ず部下の学び具合を測ることを心掛けてください。


　より詳細に評価する場合は、165ページでご紹介したルーブ

## レッスンプラン例

### 1. タイトル

企画書の作成方法

### 2. オブジェクティブ(OJ)

1. ポジティブな考え方や人間関係を体感することができる
2. 企画書の必要性を理解することができる
3. 企画書に必要な項目について理解することができる

### 3. ユニットプランとの関連性

企画書の必要性を学んでもらう
企画書を作成する上で必要な項目を学んでもらう

### 4. アクションプラン

2時間の研修
1. アイスブレイク:簡単な質問をする(OJ1)…10分
   最近ハマっているものについて質問する
2. 当社の企画書について(OJ2)…20分
   企画書がなぜ必要なのか、企画書がなかった場合と比較して説明する
3. 企画書の作り方のレクチャー(OJ2・OJ3)…30分
   過去の企画書を見せながら項目について説明する
   資料)直近の企画書5種類
4. 企画書の作成と発表(OJ1・OJ2・OJ3)…50分
   テーマ、ターゲットを設定して企画書を作成してもらう
   発表はグループ内で行い、1人ずつコメントをする
5. まとめ(OJ1・OJ2・OJ3)…10分
   学んだことへの質問&フィードバック
   研修アンケートについて連絡

### 5. アセスメント

研修中の発言内容
作成した企画書の内容
研修後のアンケート結果
アクションプランの「5. まとめ」時に行う「学んだこと」への質問

リック評価表のような"Formal Assessment"（形式にのっとった評価）を使うのが効果的です。

　レッスンプランを作成し、ユニットプラントの関連性やオブジェクティブ（OJ）の対応、教える手段などを具体的に書き出すことで、学びやスキル習得における抜け漏れがなくなります。

POINT

　レッスンプランは、部下が学ぶべき具体的なスキルや情報、学ぶ方法を明確にしたもの。
　リーダーは、部下に教えるすべてのことに対してレッスンプランを作成することが理想。

# 評価方法や計画書は
# 作って終わりではない

**6**

## ● 部下の状況や状態は常に変化している

リーダーが、評価項目や方法、ユニットプラン、レッスンプランなどのツールを作成して、部下育成における手段を明確にすることで、教え方が一律になり、部下は無駄なく、確実に学べる環境を作ることができます。

そのため、ツールを一度作ってしまえばそれで良いと思うかもしれません。

しかし、それでは部下をエンゲージさせることは難しいでしょう。

なぜなら、部下の状況や状態は、入社1年目と2年目ではもちろん、研修前と研修後においても、できることや目標、リーダーとの人間関係など、すべてが変化しているからです。

リーダーがパーソンセンタードを意識して、部下の状況・状態に合った方法で、評価したり、教えたりしなければ、部下はエンゲージしません。

重要なことは、「部下の成功」です。

部下が成功体験を積み重ねるため、または結果を出してヒーローになるために、リーダーは黒子的存在でサポートするのが役目。

どんなに素晴らしく書かれたユニットプランやレッスンプランであっても、部下が確実に学べなければ、リーダーの自己満足でしかなく、意味をなさないのです。

リーダーは、「部下の状況や状態は常に変化している」とい

うことを認識し、部下の変化に合わせて各ツールをアップデートする必要があります。

## ■■ 評価方法を明示して部下を成功に導く

　評価は、部下の成功を積み重ねるために必要なツールです。リーダーが部下に評価項目や評価方法を明示しなかったり、適した評価をしなければ、部下は何に向かって進めばいいのかが分かりません。そのため、リーダーは、道標となる目標を設定しましょう。

　その際、リーダーと部下の成功の定義は異なっていることを認識し、定量評価と定性評価2つの評価方法に基づき、目標設定することが重要です。
　リーダーは、「どのように評価をすれば部下をエンゲージできるのか」「どうすれば部下が成功するのか」を常に考え、部下に相談しながら状況や状態に合わせた目標を設定し、評価方法を明示しましょう。
　そうすることで、部下は「どうすれば目標を達成できるのか」「何をすれば高く評価されるのか」などの方向性が分かり、仕事にエンゲージします。
　リーダーは部下のエンゲージメントを引き出すために、部下育成の計画を綿密に立て、部下の状況・状態に合わせた目標と評価方法をアップデートしましょう。部下を成功に導くためには、パーソンセンタードを意識した上で、時間をかけてきちんと教える環境を作ることが必要なのです。

POINT

　部下の状況は常に変わる。常にプランをアップデートし、より良い環境を作り続けることがリーダーの役割。

# 6

Chapter

## プロフェッショナルリーダーのあり方

### ～部下のタイプ別対応法～

# 1 リーダーとして どうあればいいのか

## ● 現実社会におけるリーダーの働き

Chapter 5まで、これからの時代、リーダーはどうあるべきか、どのようなことをする必要があるのかなど、リーダーの基本やノウハウについてお話ししてきました。

Chapter 6では、実際にリーダーが困っていることや悩んでいることについて、どのような対処をすれば良いのかをお話しします。

私が今までリーダーとして仕事をしたり、さまざまな会社のリーダーにお話を伺ったりした中で、部下に関する悩みがたくさんありました。
「部下が言われたことしかしない」
「部下同士の仲が悪くて、いつもギクシャクしている」
「プライドが高くて、反発する部下がいる」
「部下によって、個別に目標を立てるのが難しい」　など

このような悩みを聞いていくうちに、特に次の3つの悩み(問題)が多いことに気づきました。

1. 困った部下がいる
2. 育成やコミュニケーションが上手くいかない
3. 部下ごとの目標設定の方法が分からない

Chapter 5まででお話ししたように、考え方も、知能も、学

び方も、人によって違います。そのため、リーダーはパーソンセンタードを意識して、部下1人ひとりに合った対応をすることが大切なのです。

## 🍃 部下のエンゲージメントを損なわずに 問題を解決する

リーダーにとって、チーム内の問題解決は避けられないものであり、その手法はリーダーとしての評価に影響します。

しかし問題解決は、Chapter 1でご紹介したKDD（勘・度胸・出たとこ勝負）や前例で解決しようとしているケースが多くないでしょうか？

部下に対して遺恨の残るような問題解決をしてしまうと、部下のエンゲージメントを劇的に減少させ、リーダーと部下の人間関係に多大な影響をもたらします。

せっかく良好な人間関係を築いていたとしても、たった1つの問題であっという間に崩れ去ってしまいます。

**問題解決は、部下のエンゲージメントに直接関係しています。** リーダーは、部下のエンゲージメントを損なわずに問題を解決することがとても重要です。

それでは、リーダーにとって特に悩ましい3つの問題について、次ページからそれぞれ詳しくご紹介しましょう。

POINT

部下は1人ひとり考え方も、感性も違う。リーダーはパターンで対応するのではなく、部下に合わせてパターンをアレンジして対応をすること。

## 2

# 部下の「できない」理由を
# 見極める

## ━ 言われたことしかやらない部下

現在、多くの会社で必要とされているのは、「**自分で考えて動くことができる人材**」です。あなたが求めている人材も同じではないでしょうか？

その一方で、言われたことしかやらない部下（いわゆる、指示待ち部下）がいます。

彼らの違いは、一体何なのでしょうか？

指示待ち部下になる理由は、次の２つです。
1．すでにエンゲージしている
2．Safe Environment（安全な環境）がない

それぞれの場合に対して、リーダーがどのように対応すべきか具体的にお話ししましょう。

### 1．部下がすでにエンゲージしている

自分で考えて動ける部下は、エンゲージしているように見えます。一方、指示待ち部下は、エンゲージしていないように見えます。しかし、指示待ち部下は、必ずしもエンゲージしていないとは限らないのです。

「言われたことはしっかり行い、余計なことはしない」という教育を受けてきた人は、大勢います。この人たちにとって、「言われたことをする」ことで精一杯仕事をしている、つまりエンゲージしているのです。

この場合、部下が言われたこと以上のことをする人材に育てるためには、その仕事に対する「共感」や「明確な指示」が必要です。

　まず、リーダーが会社の考え方として、部下に「**君が言われたこと以上の仕事をしてほしい**」「**自ら率先した仕事を歓迎する**」という理念をしっかり伝えましょう。

　そして、「言われたこと以上の仕事」や「率先した仕事」とはどういうものかを具体的に示し、明確な成功例（Chapter 5 のルーブリック評価表など）を示すことで、部下自身がその行動や成功例を目指すことができます。

## 2．Safe Environment（安全な環境）がない場合

「言われたこと以外の仕事や行動をしてはいけない環境」「言われたこと以外のことを取り組みにくい環境」、つまり "**Safe Environment**"（**安全環境**）がないと、部下は自分を守るために言われたことしかしないようになります。

　あなたは、自分の考えや方法を部下に押しつけていないでしょうか？

　部下が言われた以上のことをした際、ネガティブな対応をしていないでしょうか？

　Chapter 3でお話しした3つの環境である **Safe Environment**（安全な環境）、**Positive Environment**（肯定的な環境）、**Supportive Environment**（協力的な環境）は、部下の自主的な行動を促すために必要です。

　リーダーに言われたこと以上の仕事をしても、「褒められない」「認められない」「評価されない」などの不満を与えてしまっては、部下にとって言われたこと以上の仕事をすることが価値

Chapter 6

187

のないものになってしまいます。

　自主的に動くためのモチベーションを与えるために、日頃から、リーダーは部下たちの仕事ぶりを観察し、部下がプラスアルファの仕事をしていた時は、ポジティブに評価してください。

## ━ 会議で意見を言わない部下

　会議で意見を言う人は、いつも同じ人ではないでしょうか？

　会議は2人ではなく複数人で行う場合が多く、部下にとって自分事にならない場合が往々にしてあります。そのため、
「意見を言っても意味がない」
「自分には関係ない」
「何のための会議なんだろう」
「会議、早く終わらないかな」
　などと考えてしまい、エンゲージできていないのです。

　会議に対してエンゲージしてもらうためには、その会議に対してChapter 2でご紹介した**自己重要感**を持ってもらうことが必要です。
　リーダーが部下に対して、「**なぜ、この会議に参加しているのか**」「**役割は何なのか**」などを明確に示すことで、「自分が会議に参加する意味がある」「自分の意見は重要である」などの自己重要感を与えることができるようになります。

　他にも、人前で意見を言うのが苦手な部下や自分の意見に自信がない部下、他の人の意見に押されて発言しづらい部下などもいるでしょう。
　その場合は、会議の雰囲気を変えたり、質問の仕方を変えることで、**発言しやすい環境**を作り、部下に意見を言ってもらう

ことができるようになります。

　リーダーが主に話すのではなく、部下に問題提起をして意見を言ってもらったり、問題に対するリーダーの考えを提示する前に部下に意見を出してもらうと、**部下が意見を言いやすい環境**になるでしょう。

　このように環境を変えることで、さまざまな意見や質問を取り入れることができるようになります。

## 📣 プライドの高い部下

　プライドの高い部下への対応は、リーダーにとって最も難しい案件の1つです。プライドが高い人は、「自分はもっと良い仕事ができるのに」「実際周りの人は自分を分かっていない」などといった不満を持っています。

　しかし、彼らは本当に良い仕事ができたり、周りが把握している以上の能力があるのでしょうか？

　例外もありますが、プライドの高い部下の多くは自分の持っている能力を理解していません。

　プライドとエゴが邪魔をして、本当の自分が見えなくなっています。これは、Chapter 4 でご紹介した **Stage 2 のクリティカル・シンカーである**とも言えます。この場合、リーダーが褒め言葉を与えると、彼らに「あなたは能力がある」という錯覚を与えてしまうので、注意しましょう。

　リーダーとしては、彼らのプライドを傷つけないように公平に仕事をすることと、根気を持って Chapter 3 でご紹介した**コンストラクティブ・フィードバック**を続けることが重要です。そのため、この問題を解決するには時間がかかります。

　しかし、根気と愛情を持って対応すれば、だんだんと彼らの

レベルは上がり、本当の実力に気づき、最高の部下になってくれるでしょう。

## ◼️ チームワークが苦手な部下

チームワークが苦手というと、コミュニケーション能力や性格といった部下個人が原因であると考えられます。しかし、そうではありません。

チームワークが苦手な部下には、2つの原因があります。1つは**部下個人**、もう1つは**環境**です。この2つでは、対応も異なります。

まずは、チームワークが苦手な部下の原因が、**部下個人にあるのか、環境によるものなのかを見極める**ことが大切です。

### 1. 部下個人が原因の場合

チームワークが苦手の理由が、部下個人にある場合は、さらに次の2つの理由に分けることができます。

①チームワークが不得意な知能を持っている
②クリティカル・シンキングのレベルが低い

部下個人が原因の場合でも、①と②では対応が異なるので、それぞれについて説明しましょう。

①チームワークが不得意な知能を持っている

例えば、誰とも話さずに1人で物事に取り組むのが得意な人や、1人で黙々とモノ作りに没頭している人などがいます。

このようなタイプは、Chapter 1でご紹介した「多重知能理論（MI）」の中で、**高い内省的知能や低い対人的知能を持って**います。そのため、チームで働くこと自体に苦手意識が強い可

能性があります。

　この場合、リーダーは、部下の性格や個性を活用し、チームの構成や役割を決めることで、部下たちがチーム内での居場所を与えることができます。


②クリティカル・シンキングのレベルが低い

　Chapter 4 でご紹介したクリティカル・シンキングのレベルが低い Stage 1 や Stage 2 の人は、自分のエゴや感情に惑わされて、自分の意見を押し通したり、相手の意見を聞く耳を持たないなど、チームで働くことに支障をきたす場合もあります。

　リーダーは、Chapter 3 でご紹介した**コンストラクティブ・フィードバック**を使って「何が良くて、何ができていないか」を伝え、部下自身に「自分が何を間違っているのか」「自分は正しくないかもしれない」と認識させましょう。そうすることで、部下のクリティカル・シンキングのレベルを高めることができます。


## 2. 環境が原因の場合

　チームワークが必要な環境であまり活躍できないように見える部下が、必ずしもチームワーク自体が苦手というわけではありません。

　人は、環境に影響されます。チームワークも同じです。チームの環境が悪ければ、チームワークが得意な人や苦手でない人でも、最大限の能力を発揮することはできません。

　この環境は、Chapter 1 でご紹介した**物理的環境・心理的環境**と Chapter 3 でご紹介した Safe Environment（**安全な環境**）・Positive Environment（**肯定的な環境**）・Supportive Environment（**協力的な環境**）のことです。

　この場合、リーダーは部下が置かれている環境をしっかりと

分析し、部下がエンゲージして力を発揮できる環境を作ったり、整えることが必要です。

## 🖙 言い訳が多い部下

どこの職場でも、「言い訳」の多い人はいます。

彼らは、何かと理由をつけて、仕事の完成や納期を遅らせたり、リーダーからの仕事の依頼を断ります。

部下から言い訳をもとに仕事を断られると、リーダーにとってとても扱いづらい部下になってしまいます。最悪の場合、「あの人に頼んでも言い訳ばかりだから」「あの人に頼んでも仕事をしてくれないから」などと、その部下を避け、他の部下に仕事を振るようになってしまいます。

「言い訳」が多いのは、その人が育った環境が大きく影響しているからです。言い訳が許される環境で育った人は、言い訳するのが当たり前になっています。

リーダーは部下の親ではないので、しつけをする義務はありません。しかし、部下を守ってあげることで、仕事における良い環境が生まれます。

リーダーがすべきことは、**会社や部署で望まれる勤務態度と評価方法を部下に明示する**ことです。

部下には、「言い訳と理由は違う」ということを示し、会社や部署で望まれる態度や行動を書き示し、みんなの共通の目標とすることが解決策になり得ます。

## 🖙 仕事の期限を守らない部下

仕事の期限を守れないのには、さまざまな理由があります。

192

例えば、「仕事の期限を忘れていた」「他の仕事があって忙しい」「期限を守らなくてはいけない理由が分からない」「期限なんて関係ない」などです。

　ほとんどの場合、仕事が忙しく、期限のことを忘れてしまっていたという理由でしょう。しかし、期限の必要性や重要性を認識していない部下もいます。

　そのため、リーダーは多様性を持って対応するのが良いでしょう。

　**重要なことは、「仕事の期限を決める最終決定権は、リーダーにある」** ということです。

　仕事が忙しく期限を忘れていた部下の場合、普段からリーダーが部下の様子を把握し、仕事の優先順位を共有したり、仕事の振り分けを考え直すことが必要です。

　一方、期限の必要性や重要性を認識していない部下の場合、**「なぜ、その日までにこの仕事を終わらせる必要があるのか」「なぜ、期日までに仕事をしなければならないのか」** などを明確に示すことが大切です。

　時間の価値観は、人によって異なります。プライベートの時間を大切にしたい人、徹夜をしても問題ない人、絶対に定時で帰りたい人など、さまざまです。

　そのため、リーダーは Chapter 1 でご紹介した **「自分目線」** ではなく **「相手目線」** で、部下の時間を大切に考えてあげなければなりません。

　人は自分で決めたことには、責任を持ちやすい傾向があります。部下に仕事を依頼する時は、「この仕事をお願いしたいん

だけれど、いつまでにできる？」と部下に相談として持ち掛け、一緒に期限を決めましょう。そうすることで、部下は責任を持って仕事や期限に対してエンゲージしてくれでしょう。

## ➡ 挨拶ができない部下・社会常識がない部下

私が意外だと思ったリーダーの悩みは、「うちの部下は挨拶ができていない」「社会常識のない部下が多い」というものでした。

なぜなら、Chapter 3でお話しした固定観念をリーダーが持っていたり、Chapter 5でお話ししたように部下ができないのは、リーダーが明確にしていないからにもかかわらず、「部下ができていない」と発言されていたからです。

時代の変化によって、挨拶の仕方や社会常識というものも変化しています。そのため、リーダーが固定観念や偏見に囚われ、部下に対して「挨拶がなっていない」「常識がない」と思う場合も往々にしてあります。

Chapter 3で、「固定観念を持っていることはリーダーとして致命傷である」とお伝えしたとおり、まずはリーダーが持っている固定観念や偏見などを捨てましょう。そして、リーダーは自分が求めている行動を部下に優しく教えてあげればいいのです。

また、リーダーが「挨拶とは何か」「常識はなぜ大切なのか」などを明確に示していなければ、部下は挨拶や常識がどういうものなのか、またそれらの重要性を認識できません。

リーダーが部下に対して、「挨拶もできないのか？　社会人としては常識だろ」とネガティブにコメントしてしまったら、その部下との人間関係は崩れ、部下をエンゲージさせるどころ

ではありません。

　ここで重要になってくるのが、Chapter 3 でご紹介した**コンストラクティブ・フィードバック**です。

「なぜ、この会社（部署）では挨拶が重要なのか」「なぜ、この社会常識が必要なのか」を説明してください。リーダーは優しい心と忍耐を持って、部下を肯定的に教育する必要があるのです。

POINT

　「積極的に動かない＝手を抜いている」わけではない。

　リーダーは、どんなふうに動いてほしいのかを具体的に示して、部下自身がどう動けば良いのかイメージできるようにすることが大切。

## 育成やコミュニケーションが上手くいかない時のあり方

**3**

### ━ 得意先から部下の態度に対する苦情がきた

　ここで重要なのは、「いつでも部下の味方である」という姿勢を示すことです。多くのリーダーが「お客様は神様」という視点から、「君、何をやったんだ。お客様がカンカンに怒って電話してきたぞ」と部下の話を何も聞かずに強く言ってしまいがちですが、そのようにしてしまうとその時点でリーダーと部下の人間関係は崩れてしまうでしょう。

　たとえ問題があったにしても、まずは**部下の味方になり、しっかりと話を聞きましょう**。

　早急に問題を解決したいあまり、部下の話を少しだけ聞き、それをもとにどんどん自分の意見や解決策を言ってしまう人は少なくありません。

　しかし、理由がどうであれ、問題の渦中にいる部下にとってお客さんから苦情を言われたことは、とてもつらいことです。だからこそ、「共感」が必要です。

　リーダーは部下に共感し、「**何があったのか**」「**どうして問題になったのか**」と聞きましょう。

　そして、部下を責めるのではなく、「**どこに問題があるのか**」「**どうすれば問題を解決できるか**」を一緒に考え、早急に行動したほうが良いでしょう。

　もし、問題の原因が部下にある場合は、これからは問題を起こさないように必要な訓示も含め、「どうすれば、このような

問題がなくなるのか」という解決案やフィードバックを与え、話し合うことが大切です。

## ● 部下が怒りを露わにした

　まれに、部下が「怒り」の感情を出す時があります。リーダーにとって、これはとても対処に困る問題ですが、「理由」が何かを知り、理解してあげなければなりません。

　部下の怒りが露わになった原因として、不平や不満、不遇など、その人に対して何か良くないことが起こった可能性が高いと考えられます。
　そのため、リーダーは**自分の意見を言わず、まずは部下の話を聞いてあげましょう**。もしかしたら、部下の話の中から、部署内での問題や会社全体の問題などが見えてくるでしょう。

　ここで重要なのは、最初に怒りの「理由」を責めないことです。まず、部下の改善すべき点は**「態度」**であり、怒りの「理由」ではありません。
　部下の話を聞き、「あなたが言っていることは、もっともなことだね。それは確かに問題で、みんなで考えて修正していかなくてはならない。でも、あなたが今日示した"態度"はちょっと問題があったね。もっと良い言い方があったと思うよ」というふうに、Chapter 3でご紹介した**コンストラクティブ・フィードバック**を使って対応することで、部下は「何が良くなかったのか」を冷静に判断できるようになります。
　さらに、リーダーと部下との信頼関係が損なわれず、部下のエンゲージメントを引き出せる環境を持続していけます。

## ━ 部下同士がいがみ合っている

　部下同士のいがみ合いや喧嘩は、リーダーにとって悪夢のようです。できれば、社員みんなが仲良く、チームワーク良く行動してほしいというのがリーダーとしての願いでしょう。これは、会社にとってもベストです。

　スキャンダル系の問題を除き、社会人同士がいがみ合う理由には、Chapter 4 でご紹介した**クリティカル・シンキングのレベル**に問題があります。

　Stage 2 や Stage 3 のクリティカル・シンカーは、「自分は正しい」「自分が間違っていない」など自分の考え方の間違いに気づけない上、自分のエゴや感情によって物事を選択したり、判断します。

　いがみ合っている部下は、Stage 2 や Stage 3 のクリティカル・シンカーの場合が多いため、リーダーは部下のクリティカル・シンキングのレベルを高める必要があります。

　リーダーは、「A さんがそんなことを言うはずがない」など、**自身がすでに持っている推察を抑え、両方の部下の意見を公平に聞き、一緒に解決方法を考える**ことが大切です。

　そのためには、部下 1 人ひとりの意見を聞くだけでなく、部下自身に「どうしたいのか」「どうすれば解決できるのか」を考えてもらいましょう。その際、部下が極端な方法や会社の不利益になる方法を提示した場合は、Chapter 3 でご紹介した**コンストラクティブ・フィードバック**を使って、実現可能かつ部下にとって無理のない解決策に導くことが重要です。

## ━ 必要なスキルを部下に気持ち良く習得させる

仕事をする上で、部下には会社のルールや仕事の方法などを教える必要があります。

部下の研修で重要になるのは、部下のエンゲージを促す指導方法で行うことです。特に、リーダーの態度が重要になります。Chapter 2 でお話ししたように、**ネガティブな環境ではエンゲージは絶対に起こりません**。いつでも前向きに楽しく指導することが大切です。

スキル習得は、時間をかけてしっかりと教えるのではなく、学びを中心に考えることが重要です。基本的に、社員は「仕事に必要なスキルをしっかり学びたい」という気持ちを持っています。

問題は、部下に「学びたい」という気持ちが起こらない時です。Chapter 1 でご紹介したように、部下に **"MUST（しなければいけない）"** と思わせてしまうと、エンゲージメントを引き出すことができず、学びの質や効率が悪くなってしまいます。

そのため、リーダーは部下に **"WANT（したい）"** と思ってもらえるような研修を行う必要があるのです。

Chapter 5 では、**きちんと教えるためには時間がかかることや準備が大切であること**をお伝えしました。リーダーは部下に教えなければいけないことについて、あらかじめ**ユニットプラン**と**レッスンプラン**を作成し、部下がエンゲージしながら学べる計画や環境を作りましょう。

その際、Chapter 1 でご紹介した「VARK モデル」を活用し、部下全員が学べる方法を取り入れることも重要です。

## ━ 部下とのコミュニケーションの問題を解決する

「部下に自分の考えが伝わらない」「部下が話を理解してくれない」「部下とのコミュニケーションが上手くいかない」など、部下とのコミュニケーションにまつわる不満をよく耳にします。

　そもそも、コミュニケーションの問題はなぜ起こるのでしょうか？

　例えば、部下に頼んだ仕事がイメージしていたものと異なっていた場合、リーダーは部下に対して「私は確かにきちんと指示した」と考えるでしょう。

　一方、部下は「リーダーの指示が曖昧だったからイメージできなかった」と考えます。

　このように、コミュニケーションの問題は、「**お互いの異なる理解**」「**勘違い**」**から起こる**ものです。時には、小さな勘違いが大きな問題を起こしてしまうことも……。

　このような問題を起こさないために、リーダーが主導権を持って注力しなくてはなりません。その際、次の２つのことを心掛けましょう。

１．自分の意見を押し通さない
２．問題が起こりにくい環境を作る

　リーダーが自分の主張を押し切ってしまうと、部下との人間関係に亀裂が入り、エンゲージメントを引き出す環境にはなりません。そのため、リーダーは部下とのコミュニケーションの問題が起こりにくい環境を作ることが必要になります。

　２つの心掛けるべき点について、それぞれ説明しましょう。

## 1. 自分の意見を押し通さない

　リーダーが自分の意見ばかりを言い、それを押し通してしまうと、部下は口を閉じてしまいます。

　そのため、Chapter 2の「共感する力を得るための6つの習慣」でご紹介したように、リーダーは**部下の話をとにかく聞き自己開示する**ことが大切です。

　先ほどの例では、まずリーダーが「きちんと指示をした」という意見を押し通さず、「きちんと指示をしたつもりだったけれど、部下には上手く伝わっていなかったのかもしれない」と考えます。その上で、自分の指示の仕方の問題点やどこが上手く伝わっていなかったのかを部下に相談しましょう。リーダーが真摯な態度で部下の話を聞き、意見を受け入れる姿勢を示すことが重要です。

## 2. 問題が起こりにくい環境を作る

　Chapter 3 で、Safe Environment（安全な環境）、Positive Environment（肯定的な環境）、Supportive Environment（**協力的な環境**）をご紹介しました。

　先ほどの例において、これら3つの環境が構築されていれば、部下は分からない点があればすぐにリーダーに確認することができたでしょう。部下は仕事における疑問点を解消しながら作業を進められるので、リーダーがイメージした結果となっている可能性が高まるのです。

　普段から部下が自分の意見を言える環境や、リーダーに褒めたり認めてもらえる環境、何か問題が起こった時にリーダーに

話せる環境があれば、コミュニケーションを密に取ることができ、信頼関係を築くことができます。

　その結果、異なる理解や勘違いが減り、問題が起こりにくくなるのです。

## ━ 部下のクリエイティビティを高める

　突然ですが、あなたは"creativity"（クリエイティビティ）という言葉を聞いたことはあるでしょうか？

　一般的には、画家や作曲家、詩人など、芸術を創る人に対して使われています。しかし、近年ではさまざまな分野でオリジナルのコンテンツを作る人のことを指すようになりました。

　技術や科学の発展により、ビジネスにはあらゆる可能性が広がっています。しかしこの可能性は、アイデアとして形にしなければ、ビジネスには繋がりません。

　リーダーは、部下のアイデアや企画を検討し、実行するかどうかの判断をする役割がありますが、部下にアイデアを考える力や創造力が欠如していれば、リーダーが自ら考え部下にアイデアなど与えざるを得なくなります。

　しかし、リーダーは新しい企画を考える以外の仕事が山積みであり、会社としての生産性の低下を招きかねないでしょう。

　そもそも、クリエイティビティとは限られた人にしかないのでしょうか？

　私がコロンビア大学の博士課程で書いた教育に関する論文は、「基本的に人はみんなクリエイティブである」という内容です。

　少しでも音楽をかじったことのある人は、壮大な交響曲を想像できます。美術でも、こんな絵を描きたいと想像することが

できます。

　つまり、人間にはクリエイティビティが多かれ少なかれ備わっているのです。

　アイデアを考える力や創造力が欠如しているように見える部下にも、もちろん備わっています。

　なぜ、クリエイティビティがないように見えるのか、それは部下にクリエイティビティが備わっていないのではなく、**頭の中にあるイメージをどのように具現化すればいいのかが分かっていないだけ**なのです。

　そのため、リーダーは部下の頭の中にあるイメージを実現できる環境を整える必要があります。

　Chapter 3 でご紹介した"YES Person"になり、部下の抱いている考えやアイデアを肯定的に聞き入れてください。

　さらに、部下のイメージに対して"HOW"や"WHY"の**質問を繰り返す**ことで、実現する可能性を高めていくことができます。

　その結果、リーダーは自分の仕事を全うすることができるようになります。

POINT

　部下が感情的になった時は、まず、リーダーは共感の心を持って話を聞くことに徹する。その上で、問題の本質を見極めて対応すること。

# 部下のタイプに合わせて目標設定の仕方を変える

▼

## ━ 目標を達成できる部下

　経営者や幹部役員、管理職者にとって、目標を持つことは重要であり、必要不可欠です。しかし、リーダー個人で目標を持つだけでは、会社全体の目標を達成することは困難でしょう。

　リーダーは、部下1人ひとりに目標を設定することで、会社全体の目標を達成することができます。

　AとB2人の部下を持つリーダーがいたとします。リーダーは、それぞれの部下に対して「1ヶ月に10件の新規案件を取る」という同じ目標を設定していました。

　さて、あなたはどちらの部下がエンゲージしていると思うでしょうか?

---

部下A

　1ヶ月で12件の新規案件を獲得した。

　リーダーに指示されたことを確実にこなしている。

---

部下B

　1ヶ月で6件の新規案件を獲得した。目標を達成することはできなかったが、顧客への対応が良く長期的な関係性が築けそうである。

　リーダーに指示されたことを踏まえて、自分なりに工夫して行動している。

---

この結果を受けたリーダーが、目標の達成率だけを見て、「部下Aは目標を達成していてすごいから、高い目標を設定してもっと頑張ってもらおう」とするのは危険です。

　部下Aは目標を達成しているので、すでにエンゲージしていると考えるかもしれません。しかし、エンゲージしていなくても、要領が良かったり、ただ単に営業が上手いという理由で目標を達成する可能性も大いにあります。

　一方、目標を達成できなかった部下Bに対して、「なんで目標を達成できなかったんだ？」「次は目標を達成しなさい」などと責めたり、リーダーが勝手に目標を下げたりするのは逆効果になってしまいます。

　部下Bが目標を達成できなかったのは、エンゲージしていないからだと思うかもしれませんが、部下Bは指示されたことをするだけ（Do）ではなく、自分なりに考え、工夫した上で行動しています（Engage）。顧客との良い関係が築けているので、新規案件数が増える可能性もあります。

　以前、私も部下AとBの例と同じようなことをして、いつも目標を達成している部下Aのような人材に辞職された経験があります。

　私は、「彼にはとてもやる気があり、仕事を楽しんでいる」と思っていたので、どんどんとチャンスを与えていたのですが、その結果、忙しくなりすぎてしまい「こんなに仕事ばかりできない！」と彼は怒って仕事を辞めてしまいました。

　この時、私が彼の目標を一方的に設定せず、彼と一緒に目標を設定していれば、彼が辞職することはなかったでしょう。

　このように、部下の目標を設定する際は、リーダーが一方的に決めるのではなく、**部下とよく話し合い、目標設定の決定権**

を部下に与えましょう。そうすることで部下の**自己重要感**も高まります。

　どんなに仕事ができる部下であっても、目標を高くしすぎたり、仕事を与えすぎたりしないことで、心の余裕やゆとりを持たせることが、相手のエンゲージを促すためには重要です。

## ━━ 目標を達成できなかった部下

　先ほどの例のように、リーダーとして理解しなければならないことは、目標を達成できなかったことを一番理解しているのは、そのできなかった部下であるということです。

　部下Bに対する「なんで目標を達成できなかったんだ？」「次は目標を達成しなさい」などのネガティブなコメントやフィードバックは、火に油を注ぐようなものです。部下の「できなかった」という感情を助長させるため、エンゲージメントを高めるどころか、逆効果になってしまいます。

　部下が目標を達成できなかった時ほど、「ここが良かったね」「これは次に繋がるよ」など、Chapter 3でご紹介した**ポジティブ・フィードバック**を活用し、**コンストラクティブ・フィードバック**も取り入れます。

　例えば、「ここが良かったね。でも、この点が引っかかったから、次はどうしたらいいかな？」「これは次に繋がるね。でも、ここがあと一歩だったから、どのように工夫してみようか？」など、次は目標を達成できるように部下に対策や計画を考えてもらうのです。

　このように部下の良いところや、上手くいっている仕事内容をリーダーがしっかり把握し、「目標を達成できないのは何が問題なのか」を一緒に考え、解決策やアドバイスを伝えること

で、部下がエンゲージしやすくなり、目標を達成する可能性も高まります。

「ここに問題があったから、この方法を試してみたらどうかな」などと具体的な案を出し、どうすれば上手くいくのかを一緒に前向きに考えることが重要です。

## ➡ やる気がない部下

　あなたが部下に仕事を依頼した時、嫌々引き受けたり、「できません」と言って断ったりする部下に対して、「やる気がない」と思っていないでしょうか？
「やる気がない」というのは、心の中にあるネガティブな思考が原因があることがほとんどです。
「だめだ、私には無理だ」「やったことがないからできない」「嫌だなー、やりたくないな」などの思考が、頭の中をよぎっていると、やる気は出ません。

　重要なことは、**リーダーがポジティブな思考を持って行動すること**です。部下に対する「こんなこともできないのか」「やる気がない」などの印象はネガティブな表現なので、考えたり、使ったりしないように意識しましょう。
　部下に対して「成長中の人材」「これから力を発揮する人」とポジティブに考えることで、環境が180度変わっていきます。

　私の部下にも何か頼む度に、「いえ、私にはちょっと無理です」と言ってくる人がいました。その度に私は彼に対して、「君にできると思うから頼んでいるのだよ。だから、ちょっとやってみてくれないかな？　僕も協力するから」とポジティブに返していたところ、その彼は依頼した仕事に取り組み、上手く仕

事をこなせるように成長しました。

　このように、リーダーがポジティブな思考を持ち、部下に伝えることで部下のエンゲージメントを少しでも引き出すことができます。

　リーダーにとって、部下に関する問題や悩みは尽きることがありません。
　部下1人ひとりに個性や得意・不得意の知能、学び方などがあります。そのことを常に考え、パーソンセンタードを心掛けて部下個人に適した対応ができれば、問題を解決したり、悩みから開放されるのです。

POINT

　目標設定は、会社・組織の方針に沿って決め与えるのではなく、部下の自信を高めることを念頭に定める。

# おわりに

　私はコロンビア大学で、“スチューデントセンタード”という教育理念に出会ったことで、アメリカで実践して育ててきた「教え方」の概念が覆りました。

　自分自身の成功した方法や経験で教えていては、相手の成長には繋がらないことを実感したのです。

　有力なリーダーは、テレビや雑誌で紹介されることが多く、「リーダー＝目立つ人・すごい人」というイメージがあるかもしれません。しかし、彼らの話をきちんと聞いてみると、彼らも本書でご紹介してきたように部下のエンゲージメントを引き出す場や機会を作ることに尽力していることが分かりました。

　むしろ、リーダーは黒子的存在で、部下のサポート役になることが本業なのです。

　本書では、私がコロンビア大学で学んだことや経験したことをもとに、部下のエンゲージメントを高めるためにリーダーとしてあるべき姿、考え方をお話ししています。「部下を育てるために、リーダーはこんなにもたくさんのことをしなければならないのか……」と思われた方もいるかもしれません。

　そうです。自分で考えて動ける部下を育てるためには、時間と労力がやはり必要なのです。

　パーソンセンタードを意識して、時間をかけて部下を育てただけ、リーダーの仕事は減っていきます。

　つまり、部下の人材育成にかける時間と労力は、部下への「投資」なのです。

　部下が自主的に動けてバリバリと仕事ができるタイプになる

のか、いつまで経っても手のかかる指示待ちタイプになるのか
は、リーダーの育て方次第と言えます。

　まずは、あなたの「教え方」を見直すことから始めてみてく
ださい。
　本書を読んだことで、みなさんの「教え方」の概念を変える
ことができれば幸いです。

　最後に、この本は私の25年間の経営者や教授・教師、指揮
者として、1,000人以上の部下や学生らとともに経験した成功
と失敗をもとに、コロンビア大学で学んだ最先端の教育学を応
用したパーソンセンタードを取り入れたリーダーシップ論です。
　この本が書けたのは、最高の編集者である吉盛絵里加さんと
あさ出版社の皆様のおかげです。心から感謝しています。
　この本は私をいつも支えてくれている両親である箱田忠昭と
志保絵に捧げます。


　　　　　　　　　　　　　　　　　　　　　　　　箱田賢亮

リーダーとは
何か？

本書を読み終わった今、

あなたにとって

"リーダー"

おそらく、次のようなイメージに

エンゲージできる
環境を作って整える存在

部下を
サポートする存在

黒子的存在

もう一度この質問をさせていただきます

# とは、どういう存在でしょうか？

変わったのではないでしょうか？

部下を
## 褒めて伸ばす存在
### など

"リーダー" について
このようなイメージを持てるようになれたなら
あなたは立派な"プロフェッショナルリーダー"への
第一歩を踏み出しています。
今までの部下育成の方法や部下との接し方を見直して
プロフェッショナルリーダーを目指しましょう。

資　料　集

# 多重知能理論（MI）一覧

| 知 能 | | 概要・特徴 |
|---|---|---|
| 1 | 言語的知能<br>Linguistic Intelligence | 言語的知能が高い人は、書く時も話す時も、言葉を上手に使うことができる<br>文章や物語などを書いたり、情報を記憶したり、本を読むことが得意 |
| 2 | 理論・数学的知能<br>Logical-Mathematical Intelligence | 理論・数学的知能が高い人は、推論やパターンの認識、問題の論理的分析が得意<br>数字や物事の関係性、パターンについて概念的に考える傾向がある |
| 3 | 空間的知能<br>Spatial Intelligence | 空間的知能が高い人は、物事を視覚化するのが得意<br>道案内や地図、図表、ビデオ、写真などの扱いに長けている |
| 4 | 身体運動的知能<br>Bodily-Kinesthetic Intelligence | 身体運動的知能が高い人は、体の動きや動作の実行、身体のコントロールが得意<br>手と目の動きの協調や器用さ（運動神経）に優れている傾向がある |
| 5 | 音楽的知能<br>Musical Intelligence | 音楽的知能が高い人は、メロディーのパターンやリズム、音で考えることが得意<br>音楽に対する理解が深く、作曲や演奏にも長けている |
| 6 | 対人的知能<br>Interpersonal Intelligence | 対人的知能が高い人は、他の人を理解し、交流することが得意<br>周囲の人の感情や動機、願望、意図を見極めることに長けている |
| 7 | 内省的知能<br>Intrapersonal Intelligence | 内省的知能が高い人は、自分の感情や気持ち、動機を自覚するのが得意<br>白昼夢を見たり、他人との関係を探ったり、自分の長所を評価したりするなど自己反省や分析を好む傾向がある |
| 8 | 博物的知能<br>Naturalist Intelligence | 博物的知能が高い人は、自然との調和がとれていて、育てることや環境を探索すること、他の種について学ぶことに興味を持っていることが多い<br>環境の微妙な変化にも敏感に反応する |

# 多重知能理論（MI）チェック表

解答欄の白い部分に、質問項目に当てはまる場合は "Y"、当てはまらない場合は "N" を記入してください。

| 質問項目 | 解答欄 |
|---|---|
| 1 ジョギングなど運動をしている時、一番物事を効率的に考えられる | |
| 2 音楽家や歌手である、またはなりたいと思ったことがある | |
| 3 環境問題や絶滅危惧種の問題はとても悲しいことである | |
| 4 問題を解く時、図解や絵で見たほうが分かりやすい | |
| 5 ペットは大切な友達である。ペットなしの生活は考えられない | |
| 6 写真を撮ることが好き | |
| 7 歴史や形、数式を覚えるのが得意である | |
| 8 読んだり、見たりするより、実際に自分でやってみるほうが良い | |
| 9 風呂場で歌ったり、鼻歌を歌うことがある | |
| 10 ホラー映画やジェットコースターが好き | |
| 11 テレビを見るよりも、新聞や本を読むほうが好き | |
| 12 本を読んだり、討論することが好き | |
| 13 よく人から話しかけられる | |
| 14 オペラを観に行ったり、コンサートに行くのが好き | |
| 15 1人で家にいるよりも、パーティーに行ったり、友達と遊ぶのが好き | |
| 16 電子機器やコンピュータを使ったり、物を直すのが得意 | |
| 17 出来事を合理的に説明することが好き | |
| 18 個人スポーツや1人でできる趣味を好む | |
| 19 物をさまざまな角度から見た時の見え方を想像できる | |
| 20 学生時代、生物学や自然科学の授業が好きだった | |
| 21 色彩や美的感覚が気になる | |
| 22 学生時代、数学や理科よりも、国語や社会のほうが好きだった | |
| 23 長時間、同じ姿勢や状態でいることは難しい | |
| 24 ボールなどを投げたり、取るのが得意 | |

| 質問項目 | 解答欄 | | | | | | |
|---|---|---|---|---|---|---|---|
| 25 いつも最初に説明書を読む | | | | | | | |
| 26 人と討論したり、問題を解決するのが得意 | | | | | | | |
| 27 楽しい時に歌ったり、悲しい曲に泣くなど、音楽がムードに影響する | | | | | | | |
| 28 手先が器用で、細かいことをするのが得意 | | | | | | | |
| 29 人と話す時、言葉遣いや言葉自体が気になる | | | | | | | |
| 30 リサイクルや資源を考えて節約する | | | | | | | |
| 31 美術品が好きで、部屋のコーディネートが上手い | | | | | | | |
| 32 自分のことや自分の感情を分析するのが好きだ | | | | | | | |
| 33 ブログや記事が上手く書けたり、自分の書いたものが褒められると嬉しい | | | | | | | |
| 34 瞑想や座禅などは自分自身を見つめ直すのに良いことだと思う | | | | | | | |
| 35 たくさんの CD やレコードを持っていて、それらがとても大切である | | | | | | | |
| 36 友達が怒っていると、一緒になって怒ってしまう | | | | | | | |
| 37 自然にまつわるドキュメンタリーを見るのが好き | | | | | | | |
| 38 ジグソーパズルが好き | | | | | | | |
| 39 とても大切な本をたくさん持っている | | | | | | | |
| 40 挑戦的で難しい体験やアクティビティが好き | | | | | | | |
| 41 時間がある時は室内より屋外で何かをするのが好き | | | | | | | |
| 42 周りの人から私は IT などのテクノロジー系が得意だと思われている | | | | | | | |
| 43 リーダーの資質を持っており、人々を引っ張るのが得意 | | | | | | | |
| 44 楽器を演奏することができる | | | | | | | |
| 45 自宅にはたくさんの写真や絵が飾ってある | | | | | | | |
| 46 1人でいることが好き | | | | | | | |
| 47 暗算が得意 | | | | | | | |
| 48 自分の限界をよく理解している | | | | | | | |
| 49 地図を見るのが得意で、道に迷うことはない | | | | | | | |
| 50 社交的である | | | | | | | |
| 51 名言や格言などを暗記するのが得意で、会話でそれらを使うことができる | | | | | | | |

| # | 質問項目 | | | | | | | |
|---|---|---|---|---|---|---|---|---|
| 52 | 見た目や仕草から他人の気持ちを読むことができる | | | | | | | |
| 53 | 音程を取って歌うことができ、音程の間違いに気づける | | | | | | | |
| 54 | 花壇を作ったり、植物を育てるのが好き | | | | | | | |
| 55 | 子どもの頃、家族の前で歌ったり、楽器を演奏するのが好きだった | | | | | | | |
| 56 | スポーツや運動するのが好き | | | | | | | |
| 57 | クロスワードパズルやしりとりなど、言葉を使ったパズルが得意 | | | | | | | |
| 58 | 作り話や物語を作るのが得意 | | | | | | | |
| 59 | 自分の感情をコントロールすることができ、どんな状況でも冷静になれる | | | | | | | |
| 60 | 家計をしっかりと守ることができる | | | | | | | |
| 61 | 壮大な自然の景色や素晴らしい庭園が好き | | | | | | | |
| 62 | 親友たちは大切である | | | | | | | |
| 63 | 目を閉じた時、空想することが多い | | | | | | | |
| 64 | 科学が人生にもたらす影響を毎日感じることができる | | | | | | | |
| 65 | チームで働くよりも、1人で働くほうが好き | | | | | | | |
| 66 | さまざまなジャンルの音楽を聴くのが好き | | | | | | | |
| 67 | 独りぼっちだと思う | | | | | | | |
| 68 | チェスや将棋、囲碁など、論理的なゲームが好き | | | | | | | |
| 69 | 数学や科学が得意 | | | | | | | |
| 70 | 自分の人生や未来のことをよく考える | | | | | | | |
| 71 | 論理的なパズルや数字を使ったパズルが好き | | | | | | | |
| 72 | 子どもの頃、昆虫やカエルなどを捕まえるのが好きだった | | | | | | | |
| 73 | 人格診断などのテストを使って、自分について知るのが楽しい | | | | | | | |
| 74 | 論理的に考え、行動できない人を理解できない | | | | | | | |
| 75 | 個人スポーツよりチームスポーツのほうが好き | | | | | | | |
| 76 | 学校では、美術が一番好きな教科だった | | | | | | | |
| 77 | 日記やブログを書くのが好き | | | | | | | |
| 78 | 物の仕組みを知りたいと思う | | | | | | | |

| 質問項目 | | 解答欄 | | | | | | | |
|---|---|---|---|---|---|---|---|---|---|
| 79 | 周りの人から目立ちたがり屋だと思われている | | | | | | | | |
| 80 | 仕事の時、音楽を流しながら作業するのが好き | | | | | | | | |
| 81 | いつでも音楽が頭の中で流れている | | | | | | | | |
| 82 | 植物や動物のことをよく知っている | | | | | | | | |
| 83 | よく落書きをする | | | | | | | | |
| 84 | 問題を論理的に解決できる | | | | | | | | |
| 85 | 外国語を学ぶのが得意 | | | | | | | | |
| 86 | チームで働くのが好き | | | | | | | | |
| 87 | 学校では、音楽が一番好きな教科だった | | | | | | | | |
| 88 | 自然に関連する仕事に就いている、または就きたいと思っていた | | | | | | | | |
| 89 | グラフや図解を読むのが得意 | | | | | | | | |
| 90 | 外に出るのが好き | | | | | | | | |
| 91 | 説明書はほとんど読まない | | | | | | | | |
| 92 | 編集者や作家である、またはなりたいと思ったことがある | | | | | | | | |
| 93 | 他人と一緒にいるのが好き | | | | | | | | |
| 94 | 運動神経が良く、スポーツが得意 | | | | | | | | |
| 95 | 独り言をよく言う | | | | | | | | |
| 96 | うるさい場所より、静かな場所のほうが好き | | | | | | | | |
| Y の数の合計 | | | | | | | | | |
| N の数の合計 | | | | | | | | | |
| Y から N を引いた数 | | | | | | | | | |
| | | 言語的知能 | 理論・数学的知能 | 音楽的知能 | 空間的知能 | 身体運動的知能 | 内省的知能 | 対人的知能 | 博物的知能 |
| | | 解答欄 | | | | | | | |

多重知能理論（MI）チェック表の「YからNを引いた数」を下記のグラフに書き込んでください。

グラフ化することで、あなたの得意な知能と不得意な知能が一目で分かるようになります。

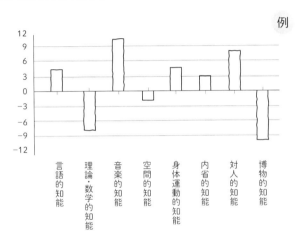

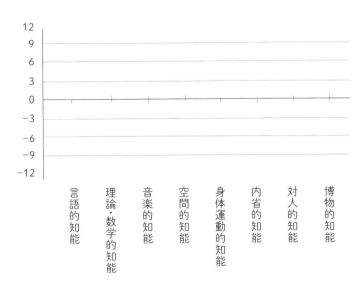

## VARK モデル　チェック表

最も合う答えを選び、a)～d)のアルファベットに○をつけてください。複数の回答に

1　道に迷っている人を手助けする際、あなたはどうしますか?
  a) 一緒に行く
  b) 道順を教える
  c) 道順を書き留める
  d) 地図を描く、または地図を見せるか、渡す

2　特別なグラフを作ることになりました。あなたは、どのような方法で作り方を学びますか?
  a) 図を見る
  b) 聞く
  c) リストや文字を読む
  d) 話している人の行動を見る

3　あなたは複数人の友達と一緒に旅行する計画を立てています。計画について
　友達からフィードバックを得たい場合、あなたはどうしますか?
  a) 計画の中で特におすすめな点を説明する
  b) 地図を使って場所を示す
  c) 印刷した旅程表のコピーを渡す
  d) 友達に電話をする、またはメッセージやメールを送る

4　あなたが何か特別なご馳走を作る場合、どのように作りますか?
  a) レシピなどを見ずに知っているものを作る
  b) 友達に相談する
  c) インターネットや料理の本を見て、アイデアを得る
  d) 良いレシピを使う

5　観光客グループが、あなたの地域の公園や野生生物保護区について教えてほ
　しいと言っています。あなたはどうしますか?
  a) 公園や野生生物保護区について話す、または講演を手配する
  b) 地図やインターネットの写真を見せる
  c) 公園や野生生物保護区に連れて行き、一緒に歩く
  d) 公園や野生生物保護区についての本やパンフレットを渡す

6　あなたは、デジタルカメラや携帯電話を購入する際、価格以外で、何を重視しますか?
  a) 試しに使ってみた感覚
  b) ネットで詳細を見て確認した機能を比較した結果
  c) デザインや見た目
  d) 販売員の意見

7　ピアノの演奏や自転車に乗るなど、身体で覚えることを新しく学ぶ際、あなたはど
　のようにして学びますか?
  a) デモンストレーションを見る
  b) 誰かが説明しているのを聞き、質問をする
  c) 図や地図、チャートなど、視覚的な手がかりから学ぶ
  d) マニュアルや本を見る

8　あなたは心臓に問題がありますと言われたら医師に何を望みますか?
  a) どこが悪いのかを説明するための文章やリストを作成してもらうこと
  b) 模型を使って、どこが悪いのかを説明してくれること
  c) どこが悪いのかを説明してくれること
  d) どこが悪いのかを示す図を作成してもらうこと

○をつけてもかまいません。当てはまる答えがない場合は、○をつけないでください。

9 あなたはコンピュータの新しいプログラムやスキル、ゲームなどを学ぶ際、あなたは、どのように学びますか?
   a) プログラムなどに付属の説明書を読む
   b) そのプログラムについて知っている人と話す
   c) 実際にコントロールやキーボードを使う
   d) プログラムなどに付属の説明書に載っている図に従う

10 あなたはどのようなウェブサイトが好きですか?
   a) クリックしたり、シフトしたり、試せるウェブサイト
   b) 興味深いデザインや視覚的特徴があるウェブサイト
   c) 興味深い文章による説明リスト、解説があるウェブサイト
   d) 音楽やラジオ番組、インタビューなどを聞くことができるウェブサイト

11 あなたが新しいノンフィクションを購入する際、どの本を読みたいですか?
   a) カバーなどが魅力的な本
   b) すぐに読めそうな本
   c) 友人が勧めてくれた本
   d) 実際にあった話や経験、事例が書かれている本

12 新しいデジタルカメラでの写真の撮り方を学ぶ時、あなたは何を求めますか?
   a) カメラとその機能について質問したり、話せる機会があること
   b) 何をすべきか、リストや箇条書きで書かれた明確な説明書
   c) カメラと各部品について説明している図
   d) 良い写真と悪い写真の多くの例と、それらを改善する方法

13 あなたはセミナーなどで、どのように教えてほしいですか?
   a) デモンストレーションやモデル、実践的なセッションを使った教え方
   b) 質疑応答やトーク、グループディスカッション、ゲストスピーカーを使った教え方
   c) 配布資料や本、読み物を使った教え方
   d) 図やチャート、グラフを使った教え方

14 あなたは競技やテストを終えて、フィードバックを求めています。どのようなフィードバックを受けたいですか?
   a) あなたが行ったことを例に挙げたフィードバック
   b) 書面によるフィードバック
   c) 会話によるフィードバック
   d) 結果を示すグラフを使ったフィードバック

15 あなたは、レストランやカフェで食べ物を選ぶ時、どのように選びますか?
   a) 以前、そこで食べたことのあるものを選ぶ
   b) ウェイターの話を聞いたり、友達におすすめを聞いて選ぶ
   c) メニューに書かれている説明や特徴から選ぶ
   d) 他の人が食べているものを見たり、それぞれの料理の写真を見て選ぶ

16 会議や特別な機会に重要なスピーチをしなければならないとしたら、あなたならどうしますか?
   a) 物事を説明するのに役立つ図を作ったり、グラフを手に入れる
   b) いくつかのキーワードを書いて、スピーチの練習をする
   c) スピーチを書き出し、何度も読み返す
   d) たくさんの例や話を集めて、現実的で実用的な話をする

## VARKモデルの採点方法

チェック表の回答が、VARK カテゴリーのどの項目に該当するかを示します。回答に該当する文字を○で囲んでください。

例）質問3で、bとcと答えた場合、質問3の行でVとRを○で囲みます。

| 質 問 | a | b | c | d |
|---|---|---|---|---|
| 3 | K | (V) | (R) | A |

VARK換算表

| 質 問 | a | b | c | d |
|---|---|---|---|---|
| 1 | K | A | R | V |
| 2 | V | A | R | K |
| 3 | K | V | R | A |
| 4 | K | A | V | R |
| 5 | A | V | K | R |
| 6 | K | R | V | A |
| 7 | K | A | V | R |
| 8 | R | K | A | V |
| 9 | R | A | K | V |
| 10 | K | V | R | A |
| 11 | V | R | A | K |
| 12 | A | R | V | K |
| 13 | K | A | R | V |
| 14 | K | R | A | V |
| 15 | K | A | R | V |
| 16 | V | A | R | K |

「VARK換算表」で○で囲まれたV・A・R・Kの文字の個数を数えて、スコアを算出します。○の数が多いカテゴリーが、あなたに合っているラーニング・スタイルです。

| V・A・R・K採点結果 | |
|---|---|
| V | / 16 |
| A | / 16 |
| R | / 16 |
| K | / 16 |

| S Specific | |
| M Measurable | |
| A Assignable | |
| R Realistic | |
| T Time-related | |

## ユニットプラン

| 1. タイトル |
| --- |

| 2. 目標と学ぶ内容 |
| --- |

| 3. 仕事・会社との関連性 |
| --- |

| 4. 目標達成に必要なスキル・情報・時間 |
| --- |

1. タイトル

2. オブジェクティブ（OJ）

3. ユニットプランとの関連性

4. アクションプラン

5. アセスメント

## Chapter 1

箱田忠昭（2014）『新版「高いなぁ」と言われても売れる営業のしかけ』クロスメディア・パブリッシング

Krista, K. (2018). Evidence for Student-Centered Learning., Education Evolving.

Kendra, C. (2019). Gardner's Theory of Multiple Intelligences., VERY WELL MIND , Retrieved from https://www.verywellmind.com/gardners-theory-of-multiple-intelligences-2795161

Becton, L. Discover Your Learning Style - Comprehensive Guide on Different Learning Styles., Education Corner®, Retrieved from https://www.educationcorner.com/learning-styles.html

Herzberg, F. (1966). Work and the nature of the man (New York : Thomas Y. Crowell Co., 1966). 〔『仕事と人間性―動機づけ―衛生理論の新展開』北野利信 訳、東洋経済新報社〕

## Chapter2

Sonja, L., Laura, K., Ed, D. (2005). The Benefits of Frequent Positive Affect: Does Happiness Lead to Success? Psychological Bulletin, 131, 803–855.

デール・カーネギー 著／山口博 訳（1999）『新装版　人を動かす』創元社

ダグラス・マグレガー 著／高橋達男 訳（1970）『新版　企業の人間的側面―統合と自己統制による経営』産業能率大学出版部

箱田忠昭（2007）『「できる人」の話し方＆人間関係の作り方～なぜか、「好印象を与える人」の技術と習慣』フォレスト出版

Roman, K. (2012). Six Habits of Highly Empathic People. Great Good Magazine. Retrieved from https://greatergood.berkeley.edu/article/item/six_habits_of_highly_empathic_people1

箱田忠昭（2008）『あたりまえだけどなかなかできないプレゼンのルール』明日香出版社

## Chapter 3

箱田忠昭（2007）『「できる人」の話し方＆人間関係の作り方～なぜか、「好印象を与える人」の技術と習慣』フォレスト出版

George, T., D. (1981). There's a S.M.A.R.T. way to write management's goals and objectives. Management Review, 70, 35–36.

## Chapter 4

Michael, S., & Richard, P. (1987). Defining Critical Thinking. The Foundation for Critical Thinking, Retrieved from https://www.criticalthinking.org/pages/defining-critical-thinking/766

Paul, R. (2020). How to effectively : six stages of critical thinking. BIG THINK, Retrieved from https://bigthink.com/personal-growth/how-to-think-effectively-6-stages-of-critical-thinking?rebelltitem=3#rebelltitem3

### 資料集

Yogie, P. (2007). Howard Gardner Multiple Intelligence – Test. Academia.edu, Retrieved from https://www.academia.edu/4686662/Howard_Gardner_Multiple_Intelligence_Test

The University of Alabama at Birmingham. The VARK Questionnaire (Version 7.8). VULCAN MATERIALS ACADEMIC SUCCESS CENTER, Retrieved from https://www.uab.edu/students/academics/images/academic-success-center/vark-questionnaire.pdf

**著者紹介**

# 箱田賢亮 (はこだ・けんすけ)

コロンビア大学博士 (教育学) 指揮者

1973年、神奈川県鎌倉市出身。16歳の時、グランツバーグ高校に留学。そこで吹奏楽を通して英語と音楽を学ぶ。セイント オラフ大学で学士号 (教育学、作曲・音楽論理学) を取得し、音楽学部最高優秀者として卒業。ウィチタ州立大学院で修士号 (指揮科、作曲・音楽論理学) を取得。2000年、エルズワース高校教師に就任後、人気教師となる。教師を続けながらコロンビア大学博士課程に進学し、教育学の博士号を取得。2003年、29歳でカンザスウェスリアン大学に最年少教授として就任。2004年、100人以上の応募者の中からサライナ交響楽団の音楽監督兼常任指揮者として選ばれる。経営、マネジメントにも関わり、15年間で楽団のコンサート数を2倍、集客を3倍、年間予算を5倍にした。2008年、同大学で学部長に任命されると、1年で生徒数を7倍に増やした。2019年、日本へ帰国後、インサイトラーニング株式会社社長就任。アメリカでの経験をもとにプレゼンテーション・ネゴシエーション・時間管理など、英語でのコミュニケーションに関する専門家として、企業人の教育研修に専念。また、コロンビア大学流 "Students-Centered" の教育学、リーダーシップの専門家として、経営者から新入社員を対象としたセミナーや講演活動を行う。

校正　鴎来堂

# プロフェッショナルリーダーの教科書
エンゲージメントリーダーシップ　　　　　　　〈検印省略〉

2021年　5　月　25　日　第　1　刷発行

著　者——箱田　賢亮 (はこだ・けんすけ)

発行者——佐藤　和夫

発行所——株式会社あさ出版

〒171-0022　東京都豊島区南池袋 2-9-9 第一池袋ホワイトビル 6F

電　話　03 (3983) 3225 (販売)
　　　　03 (3983) 3227 (編集)
F A X　03 (3983) 3226
U R L　http://www.asa21.com/
E-mail　info@asa21.com
印刷・製本　(株) ベルツ

note　　　http://note.com/asapublishing/
facebook　http://www.facebook.com/asapublishing
twitter　http://twitter.com/asapublishing

©Kensuke Hakoda 2021 Printed in Japan
ISBN978-4-86667-281-6 C2034

~世界最高峰の「創造する力」の伸ばし方~

# MIT マサチューセッツ工科大学 音楽の授業

菅野 恵理子 著

四六判 定価1980円 ⑩

世界最高峰の「創造する力」の伸ばし方とは——
ノーベル賞受賞者90名超、世界を変える人材を続々
輩出する名門校、マサチューセッツ工科大学（MIT）。
4割の学生が履修する音楽の授業を書籍化！　音楽
を学んでイノベーションが生まれる！